任性出版

마카롱 사 먹는 데
이유 같은 게 어딨어요?

雖說存錢很重要，但我還是要吃馬卡龍

我們也正在努力，
就像你們一直以來的那樣，
只是各自朝著不同的方向

韓國暢銷書作家
李墨亘——著
賴毓棻——譯

contents

推薦序

把責罵轉為鼓勵或稱讚，這世界的風氣會不會有所改善？

圖文創作者／酸下巴

我，也是一位八年級生，今年剛好滿二十歲，被人稱為千禧寶寶。

我想這本書讓我有相當大的感受，去體會只有八年級生了解的小故事，牽引著我進入這本書的情緒。

對我來說，我們這個年代被賦予期望，並且希望我們能青出於藍而勝於藍。讀書這件事，在我們這個年代裡，似乎比理解生活操作還來得重要，你若書讀得好，未來生活沒煩惱。但是，真的是這樣子嗎？

其中讓我體會最深的是，我已經成年了，卻沒有學習到任何有關生活周遭的事情，可能是擔任助教、協助老師處理資料等，這些沒學過的事情對我來說都很陌生，也都是課程沒教到的，這是我目前最為深刻的感觸！

也許我們總是訴說著自己的難過、我們這一代才能理解的事情，並期待我們的上一代能夠理解我們，但我們與上一代有什麼不同？等到我們老了，我們不也會用著上一代對待我們的方式，對待我們的下一代？

而我又從上一代聽到了哪些話呢？其實我很意外，竟然可以從這本書聽到完全一樣的話，我想這世代，不論國籍，也許我不是第一個，也不會是最後一個聽到這些話的人。

原來，家長們都是抱著同樣的期待，來打造我們的未來及目標。因為擔心我們受到傷害，將自己先前走過的路打掉，於是重新打造出一條安全無阻的路讓我們行走，但這似乎並不會讓我們有所成長，也許我們確實安全，但並非我所想要的，我們應該只喜歡自己打造出來的路，至少是踏實的。

是因為對自己現在的人生不滿足，所以才想利用孩子滿足自己嗎？這是我不了解的事情。其實我一直在想，若大人們願意把責罵轉為鼓勵或稱讚，那這世界的風氣會不會有所改善？會不會更加進步？會不會因此讓我們更有動力去完成事情？

我總是對我家人說：「多點鼓勵使我變得更好。」我想會這麼說的應該不是只有我一個人吧！

代溝可能就是我們這世代和上一代最遙遠的鴻溝，我不知道這條溝什麼時候才能密合，促使我們靠近彼此。也許是我們老的那一天，等我們到上一代的這個年紀，或許所有一切我們都會明白。

其實我一直深切的認為，人的成熟度並不會因為年齡的增長而變得更加穩重，應該說，不該用「我比你年長耶！我怎麼會想得比你不完整呢？」這種話反駁我們不同的觀念。

說真的，我實在是太喜歡這本書了，無論是從八年級生的感受到心境的轉換，作者的文筆都讓我特別的感同身受，也許正因為我活在這個世代、這個當下，所以感觸特別深，讓我也不禁好奇，我們的父母看完這本書的感想會是如何呢？我想，應該會是和我不同的感受吧！

前言
請不要刻意理解我們，千萬不要

從二〇二〇年起，所有九〇年代[1]出生的人都已當上成年人。但拋開生物學上的年齡來說，這些八年級生是否都已成為「大人」，真是個令人難以回答的疑問。這種情況之下，很多人會脫口而出的「不好說[2]」，正是由這群人所創造的當紅流行語之一，即便這句話會流行起來並非出於他們本意。其實這本書的大多內容都「不太好說」，若想要了解我為何會這麼說，還請各位務必讀到最後。

1 這裡的九〇年代指的是生於一九九〇至一九九九年之間的人。
2 根據原文的直譯，這裡做「不清楚、不知道」的意思，但考量後面提到這是由八年級生創造出的流行語，故譯為「不太好說」。

人在出生時無法決定任何事情。從性別、膚色、國籍、智力、身高和體型、性向，到是否要和即將成為自己父母的人擁有相似的長相等。實際上，這裡面沒有任何一者可以稱得上是「因為我喜歡，所以選擇的東西」。嗯……還有什麼來著？到底還有什麼呢？

幾年前，在刺骨寒風、間或夾帶著雨雪的某天，我參加了人生第一場也是最後一場大學入學學科能力測驗，我感到有點迷茫。考完那一刻，接下來的我該何去何從？原本以為等一切結束之後，心情就會變得比較輕快，卻未曾想過會是這般心境。

我幾乎將人生所有一切都賭在大學學測上，但即使考試結束了，人生卻依然持續前進。從國小到高中的十二年光陰（雖然能稱作「盡全力用功」的時間，只有最後一年而已），都僅為了那場考試度過。應該說這是種明明已經開始跑片尾字幕，原本以為播完的電影，卻又從頭開始播放的感覺？雖然播出的內容和以前截然不同就是了。

我到家後立刻打開電腦，確認大考中心公告的答案。到最後都不斷折磨我的那題「數學與自然領域乙考科」的正確答案，是四號。我感到有點恍神，所以閉上雙眼。四號和五號，我在作答時，雖然知道答案就在這兩個選項之中，但填寫五號很明顯是我個人的意志和選擇。突然間，解過數十道相似題型的記憶在我腦中呼嘯而過。

我試著想像因為判斷失誤而被扣的分數，以及這個事件對我剩餘的人生會有多大打擊。在自認為很懂的事情中得到「錯了」的結果，對當時的我而言，這個委屈叫人難以承受。也就是說，我因為那些誤以為自己很懂的事情，而開始毫無預警的憂鬱起來。現在回想起來，事情往往就是這樣，僅僅在於四號和五號之間而已⋯⋯。

我甚至認為是那場只能選出一個答案的大學學測考試不好。但這種想法很快又轉化成，對於擁有這種懦弱想法的自我厭惡，況且不久後，我還得接受即將送達的學測成績單，以及用該分數申請的大學名冊，因為我學到要當一個能對自己的選擇和行為負責的大人。說的也是，我現在不也真正二十歲了嗎……。

過了二十歲就變成二十一歲，接著再變成二十二歲、二十三歲……總之，自從邁入二十多歲起，我就領悟到，雖然為自己做出的選擇負責是理所當然的，但有時也必須擔負起，那些無法憑一己之力做到的事情。

在更小的時候，我或許會覺得這說不過去，一邊忿忿不平的喊著「這不公平」。但是，在這種情況之下說出「這也沒辦法」，是一種即使面對不公平的抗議，仍舊無能為力的表現。這還真的是沒辦法。

人生中，還有哪些事情總讓我束手無策？仔細想想，又有多少事情能完全照著我們自己的意志做選擇？我用收到的手機禮券點了一份家庭號[3]的三一冰淇淋，並向店員說「請幫我裝五次『媽媽是外星人』的口味」，我們可以像這樣自主做出決定的情況並不常見。

或許正因為如此，我們這個世代的人，才會用「小確幸」[4]這個早在幾十年前就有的老詞彙，吃著幾千塊韓元（本書幣值若無特別標注，皆以韓元計算。依二〇二一年三月三日臺灣銀行公告，韓元一元約等於新臺幣〇・〇二三元）的甜點，和購買傑斗（Kidult）[5]玩具來滿足自己。

前陣子最熱門的書，我想應該就是《八年級生駕到》[6]。我對那本書和作者絲毫不帶任何個人情緒，但若硬要我表達一下身為八年級生一員的立場，只能說長輩們必須透過這種書來了解我們這個世代，或想要靠那種書來理解這時代，本身真是非常荒謬又令人感到哀傷。

但這算是個好現象，先撇開內容的現實性和共鳴不談，出版社願意出版《八年級生駕到》這本書，以及我們的父母，甚至是主管等老一輩會願意買那本書來看，也是件值得開心的事。但我認為不管再怎麼努力，想要完全了解八年級生原本就是一件不可能的任務，況且也沒有這個必要。這真的很好

3 韓國三一冰淇淋的尺寸之一（臺灣沒有）。可以任選五種口味。
4 「小確幸」一詞指「微小而確實的幸福」，源自村上春樹的隨筆集《蘭格漢斯島的午後》。
5 傑斗為 Kidult（Kid + Adult）的中譯，意指童心未泯，仍然熱衷年輕人文化，或心理上長不大的成年人。
6 原文書名為《90 년생이 온다》，直譯為「九〇世代來了」。

笑，因為總將「只要努力就沒有辦不到的事」掛在嘴上的你們，真的不用努力理解我們。

身為八年級生的我，不可能會知道老一輩的人讀到這篇文章時，會有什麼想法。正如他們那個世代不了解我們，我們也同樣不了解那個世代。希望他們不會覺得我在嚷嚷著「請了解我們的苦衷」就好了。

我反而希望你們不用刻意理解，我們和你們出生在不同世代，卻立足於同一時代，所以也只能站在各自不同的領域上替自己辯解。

我為什麼要寫這種文章呢……**我也不好說。但換句話說，我們也正在努力，就像你們一直以來的那樣，只是朝著各自不同的方向。**

第1章

我們是無法只用幾個字定義的一代

我喜歡寫作，而且不分類型。不論是詩、小說、散文、劇本，甚至是手寫信，我都非常喜歡。老實說，比起要我閱讀他人寫好的文章，我更喜歡由其他人來閱讀我寫的文章。雖然我現在已經靠寫作謀生，也沒有必須得寫出好文章的壓力，但我很清楚，寫出一篇好文章和一篇有趣的文章，是兩件不同的事。

我想寫出有趣的文章，希望我的文章能成為讀者真心喜愛而不是尊敬的對象。這或許是受到長久以來擔任企劃工作的影響也說不定。

只要繼續活下去就好

當我在某些地方介紹自己的工作是寫作時（雖然有點不好意思），有十之八九的人都會露出驚奇的表情。這大概是對於周遭罕見職群，所產生的好奇心吧。說的也是，最近要靠文字賺錢餬口已經很不容易（雖然你可能說，哪有能輕鬆賺錢的工作），在二十多歲的年輕人中更為罕見，所以會有這些反應也是理所當然。

一提到我的職業時，常會被追問兩個問題。其中一個是「你平常都是從哪裡獲得寫作的靈感？」我並不是說這個問題老套，只是對我來說，將每個人的問題合計起來，就變成早已聽過幾百次的疑問，也進而讓我常有仔細思考這些問題的機會，得以交出非常誠實的好答案。

其實我沒有那種足以被稱為靈感的偉大感覺。人們對於寫作有這種浪漫的印象——坐在老打字機前奮鬥幾個小時，這時腦中突然從天而降一個驚人的想法，接著就有如神靈附身般，完成一部偉大作品，而我和此還差了一段距離。對我來說，寫作其實比較趨近於「將自己體驗過的人、事、物，當作素材並重新組織」的過程。

當然這是我個人的想法，其他作家是用什麼方式和感覺接近文字，若非本人就無從得知。但作家的個人經驗，會對其創作的作品產生極大影響，這點倒是事實。在小說家海明威留下的作品中，有許多都是以戰爭為背景，或至少作為核心要素呈現出來的創作。

其中頗具代表性的《戰地春夢》（*A Farewell to Arms*）、《戰地鐘聲》（*For Whom the Bell Tolls*）等，都是以作者本人參加第一次世界大戰，與西班牙內戰的經驗為背景所創作的。《老人與海》（*The Old Man and the Sea*）也幾乎是他將在古巴生活時，從某位漁夫那裡聽來的故事，原封不動寫出來的作品。將實際存在的事件或時空反映到創作活動上，其實也不是件特別的大事。

我在寫散文的時候會將自己體驗過的東西，也就是當時的情況或出現的感覺盡可能如實呈現。雖然我會摻雜一些敘事性的虛構，但幾乎不會將根本不存在的事，寫得像是煞有其事一般。這並不是因為我有某種信念或哲學才這麼做，而是認為要刻意編造出不存在的事，就連我自己看了都會彆扭，而且又不有趣。我只是正好明白這個道理而已。

但難免也會有些彷彿捏造般的事件，出現在現實生活中。雖然實際發生過，但感覺太不真實，所以也只能用文字寫出這些彷彿捏造般的故事。因為在我動筆寫這本書的動機之中，這是最強烈的動機了。

時間就發生在二〇一七年初，雖然我記不得準確的日期，但從春天即將到來和風勢非常猛烈這點看來，應該是發生在一月或二月的事情。

那時的我正處於準備創業的階段。為了吸引初期投資客，經常往來於板橋[7]之間，並穿著一件和創業者身分毫不搭嘎也不相襯的風衣。一大清早，便搭乘地鐵二號線和盆唐線前往板橋，和兩間投資公司會談後，不知不覺太陽正要下山。

這些公司都背負著，韓國國內優秀ＩＴ企業的頭銜。我要前往的辦公室位於建築物的中間。那天，我在其中一棟大樓的一樓大廳等了大約三個多小時，但實際上，與審查人員談論投資相關話題的時間，加起來也只不過將近一小時而已。創投公司的職員們全都穿上了筆挺的西裝，而我卻緊張到不斷重複說著好幾次相似的臺詞，甚至還因為大腦停擺就這麼呆坐了一分多鐘。最後當然全都搞砸了，我明明就有兩次機會的。

7　為韓國京畿道地名，非臺灣新北市的板橋。

在我結束當天最後一場會議要離開大樓的路上，有位看似年近四十歲的審查人員送我到一樓，說：「下次有機會一定要再見。」當然，我並沒有和那間投資公司進行第二次會談。

在我走出投資公司的辦公室前，曾問對方：「即使沒有投資意向，也能寫封信告知我嗎？」他微笑點了點頭。我就是信了那個點頭而痴痴等待著，最後卻沒有收到任何來信。一直到了半個月之後，我才意識到自己在審查中被淘汰了。**「下次有機會一定要再見」，就是他們用來道別的問候。**

板橋科技谷有許多高大閃耀的建築物。日落時分，晚霞會撞在玻璃帷幕上濺向四方。這實在太過刺眼，我只能垂著頭走路。我低頭看了看自己那天早上從衣櫥裡取出換上的廉價風衣。就像單套紳士[8]一樣，每次去投資公司時，我都會穿上這件衣服，因此上面起了很多白色小毛球。不知為何，我感到有點丟臉，所以沒搭公車也沒搭計程車，而是步行前往車站。到車站的距離頗遠，但之前搭車時明明感覺就近在咫尺。

抵達車站時，太陽已完全西下，天色全黑。板橋站附近有幾片平地，站在那裡，因為沒有建築物可以擋風，當四面八方吹起強風時，就會感覺像刀割般刺骨。車站附近有個小廣場，幾位遊民躺在長椅上避風。前方有兩位上班族在路邊攤吃著魚板串的樣子，映入我的眼簾。

我的肚子突然咕嚕叫了起來。從早到日落為止，我吃下的東西就只有在開會時，對方提供的一杯咖啡和綠茶。在意識到饑餓感後，肚子突然痛了起來，於是我走向那個攤子。三支魚板串共兩千元，我默默在紙杯裡裝了點清湯喝，結果不小心喝得太急，上顎感覺就像要被燙融了。

當我吃著第三個魚板串時，有人走近身邊，拍拍我的胳膊搭話。

「同學，可以幫我拿一個旁邊的紙杯嗎？」

那是一位看似上了年紀的大叔。雖然給人端正的印象，但剪短的頭髮和稀疏的白髮混在一起，看起來有點像個老人。若要用一個稱呼來定義他，那比起大叔，老人家或許更加貼近。

8 指窮到只穿同一件衣服的人；或是因為嫌麻煩只穿自己常穿跟方便穿的衣服的人。

這也不是什麼難事，我伸出一隻手拿了一個紙杯。

「要幫您裝點湯嗎？」

「好啊。」老人和藹的回答。我立刻在紙杯裡裝了湯。

「……孩子你連手套都不戴嗎？」

「什麼？」

我因老人突然改變語氣而感到有些驚慌失措。他竟然連眼睛都不眨，就稱我為「孩子」。

「你手都紅成這樣了，還不戴手套嗎？」老人再次問。

我後知後覺的往下看了自己發紅的手，看起來是因為剛才沒有插在口袋裡，而是用手抓住飄逸的上衣鈕扣才會這樣。

「嘖……年輕就能草率對待身體嗎？你以後要過的日子還長得很呢。」

「這個嘛……有必要活那麼久嗎？我覺得活夠就可以走了。」我回答他。但我到現在還不清楚，自己為何會脫口說出那麼冷嘲熱諷的回應。

「胡說八道！」老人狠斥一聲。他的聲音大到整個攤子裡的人都側目而視。我一時慌了，回答不上來，老人又繼續說了。

「你們這一代未來要做的事可多了！你們還得養活我們這群五、六年級生呢！可不是嗎？」

「我哪有什麼能力養活你們，連要照顧好自己都已經很吃緊了。」

「不！不是靠能力養活的。」老人搖著頭說。

「只要繼續活下去就好。繼續活下去，就算是不情願也能養活。」

「是嗎……。」我找不到可說的話，越來越覺得他是個奇怪的老人。

「沒錯，所以你們這代年輕人非常辛苦，真是太可憐了。我們以後死了就算了，但你們啊……。」

「……。」

我無言以對，所以閉上了嘴，老人也不說話，只喝了一口湯。吃完魚板串結帳後，不知怎麼的，我沒有馬上離開，而是向他打了聲招呼。

「我先走了，再見。」甚至還鄭重的向他點頭致意，明明就只是個不會再見第二面的人。

前往首爾的地鐵裡，我覆誦了幾次那老人說的話。到底是什麼意思？是告訴我要努力生活嗎？只要繼續活下去就可以養活？還說我們很可憐……我們為什麼會可憐？至少我們的時代沒資源匱乏，有智慧型手機可用，還會買一杯超過五千元的星巴克咖啡來喝。何止如此？大學入學門檻降低，人人平均都有高知識水準。

千禧世代？Y世代？我們是無法被定義的一代

雖然有很多用來區分世代的標準和字眼，但最常使用的標準應該就是出生率了。其中最具代表性的例子，就是將在一九六〇至一九七〇年代經濟發展的同時，人口大幅成長的那個世代稱為「嬰兒潮世代」，將千禧年之後出生率驟降的最新一代稱為「低出生率世代」。

但若要以出生率作為區分世代的標準，就會很難定義在一九八〇年代中期到一九九〇年代初期之間誕生的這群人。當時韓國每戶家庭的生育數最多只有一・五至二人，感覺就像是三明治般被夾在「猛爆性成長」到「最差的低出生率」的數十年潮流之中。

當然包括像是X世代、八八萬元[9]世代到最近的千禧世代在內，老一輩似乎有無數次都嘗試著，無論如何都要試著定義我們這群剛成年、正要步入社會的一代。但有些詞彙不僅無法朗朗上口、很難一眼就看出含意，甚至就連屬性都不明確。與其說是命名品味的問題，倒不如說這是一個難以定義、複雜又微妙的世代。如果這一代展現出的風貌都各異其趣，那定義我們的老一輩，當然感到不知如何是好。

作為年輕當事人的我，對於是否存在著「可以完整描述現在年輕世代全貌的詞彙」一事抱持存疑的態度。但可以說的是，在我們這一代所感受到的悲傷中，很多都是源自於相似的脈絡——對我們而言，沒有適合用來展現自我的字詞。

9 就如臺灣的二十二K世代一樣，韓國也將月薪只有將近八十八萬韓元的這群人，稱為八八萬元世代。

第2章

雖然你們的希望是我們，但我們的希望也是你們

「N放世代」這個詞曾經在韓國流行了好一陣子，意指現在的年輕一代只能過著必須放棄結婚、放棄買房、放棄買車、放棄各種東西的生活。我想這個詞指的並非只有八年級生，即便如此，總覺得自己好像還是被誤會了什麼。準確來說，我們並沒有「放棄」過。

雖然我無法代替所有八年級生發言，也沒有那種資格，但至少我和身邊的同齡朋友、前輩、後輩們全都是如此。**我們從不曾放棄。因為所謂的放棄，至少在一開始還得先擁有目標或希望才行。**

成為能讓父母炫耀的子女，不是我的夢想

我們曾經擁有的希望，完全是從老一輩那裡傳承下來的。換句話說，也可說是他們的期待——要成為一個聽話、會讀書的孩子，進入招牌大學名校就讀，取得優秀的成績。如果是兒子就要早早去當兵回來，脫下一身少年稚氣，展現出英姿煥發的樣貌。然後一邊手捧好成績，一邊領著獎學金。畢業

之後要盡快進入大企業工作，成為在過年過節時可讓父母大肆炫耀的子女。

另一方面，如果是女兒，大多要成為遵守門禁時間的賢淑女性，並帶回一位前途無量的女婿。女婿的年紀一定要比女兒大一點，並且無論是在學歷或工作方面，都得擁有更好的前景才能叫人放心。

如果有人認為這是我們真心盼望的夢想或目標，那還真叫人感到遺憾。因為**這不是我們的夢想，而是父母輩的期許**。我們將實現父母的夢想當作自己的使命。每天強調著父親去公司賺錢回家、母親準備的早飯有多溫暖、父母為我們做了多少偉大的犧牲、對我們的期望有多大等，我們就是聽著這些話成長的。所以如果現在要問我「你怎麼連個自己的目標都沒有」，還真叫人不知該說什麼才好。

這不代表父母輩一開始就抱著錯誤的期望，也不表示賺著足以養家餬口的錢，讓仰賴自己的家人不至於挨餓，並將他們培養成社會正當的一員就不夠偉大，但這是隸屬於幾十年前的美德。

在我們生存的世界上，幸福並不同於以往，是可以那麼簡單定義的概念。對某些人來說，可能覺得「盡職盡責，守護家人，傳承後代」，比堅守自己的小小夢想還要更有價值。但你若問我一味的按照父母期待過活，成為乖巧懂事子女所得到的回報是否也有那麼大，老實說我並不清楚，甚至現在有許多父母讓我們看到的只有失望、絕望和忍讓。

生活並不輕鬆。從自己賺錢餬口到生存，再到負責養活仰望著自己的那些存在更是難上加難。為了守護自己所愛的人事物，人們有時必須忍受自己不願的情境或工作。你們待在沉悶的辦公室裡、在塵土飛揚的工地裡、在頤指氣使的客人面前、在盛夏炎熱的爐火前，各自忍受、度過艱苦的時間，都是為了要給子女一代更好的機會，是為了不讓你們因知識不足或經濟不富裕，而必須放棄夢想的痛苦傳承下去。我們也明白這份心情，所以對於整個過程和結果都非常感激。

你們和我們的不幸，現在回想起來都是因為「士農工商」的關係。雖然知道這是個老掉牙的字眼，但我認為就是如此。比起看起來已經充分是偉大父母的樣子，因為「士農工商」階級的關係，強迫你們要像這社會所尊敬的「士」階級。在田裡幹活、搬運材料、進貨、賣東西，做著與曾經追求的夢想相去甚遠的工作，肩負起家庭責任的你們，卻僅因為「士」這階級才是好的；而沒有想到無視「農、工、商」的這個社會，才是錯的。

只有達官顯貴的子女才有權利「自豪的像父母」，這是真的。這絕不是立足於衝突理論或階級鬥爭的理論。我想至少我們這一代的人都可理解。

還記得學生時代的我們，在未來志願的空格中填了什麼嗎？我常看到父母是醫生的朋友填了醫生；父母是法官的朋友填了法官，卻從未見過有人填寫社區超市老闆或營建業者。

我的同學們也是如此。父母都是醫生的那位朋友即將從醫學院畢業；父親曾擔任檢察長的朋友考上了首爾大學經營系，目前正在準備申請首爾大學的法學院。

實際上，這兩位同學的個性非常不同，但（至少在職業方面）都一樣真心誠意的尊敬父母，並自豪自己能夠跟進他們的腳步，所以彼此對用功的理由和方向性都很有自信且非常明確，在這些點上他們非常相似。我當時根本無法想像上同一所學校、在同一班級聽課的那些同學，怎麼有辦法如此努力用功。

我父親曾是一位計程車司機，很早就過世了。母親則在餐廳工作，所以我必須從家裡僅有的那幾本書中，尋找我的人生榜樣。例如尹東柱[10]、趙世熙[11]、朴婉緒[12]或海明威這些人等。

因為我覺得很難為情，所以我在未來志願欄裡填上了新聞工作者，母親說我的夢想很丟臉、是適合餓死的夢想。有次她還吐露自己曾為此感到鬱悶，甚至還上演了一齣用火燒我書的戲碼。而我同齡的朋友們大多有和此相似的經驗，所以老實說，這也不值得感到新奇。

大學招生名額是固定的，我承認我們被賦予了機會，但所有人的機會都差不多。在當今世上，任何人都能參加大學學測，但這並不代表人人都能擠進大學名校就讀。因為我們輕易就能得到這些機會，所以也很容易就陷入兩難的困境。即使拚命努力考了九十七分，但如果其他人全都拿了一百分也會成為倒數第一，這就是現實。這是輾轉要我們接受自己正當的失敗、缺乏努力、意志力薄弱等不足。告訴我們與其做那些努力，倒不如放棄一切，回到父母身邊。

所以我們只有在覺得自己是失敗者時，才會回家向父母開口。而我們能說出口的也僅有那幾句話。是哪些呢？首先應該要先說聲抱歉。抱歉我們無法達成你們加諸在我們身上的期望。現在我們僅存的希望，就只有你們一手打造起來的家。

10 韓國詩人及獨立運動家。
11 韓國小說家。
12 韓國小說家。

第3章

雖說要存錢，但我還是要吃馬卡龍

最近常看到「這些錢都可以買好幾碗湯飯了」的留言，這個來自某社群的流行語似乎很受歡迎。當然，這不是出於真心留下的回應。各位也知道，八年級生的口味沒那麼簡單，不可能一天三餐只吃湯飯就能滿足。

老一輩的挑嘴程度，可不輸我們

先撇除世代問題不談，我認為韓國人對味道原本就很挑剔，但只有父母這一輩具有「假裝不挑嘴」的傾向，這不禁讓我想起大學時期某位教授說過的話：

「現在學生的嘴真的很高級，吃飯就得去美食餐廳，吃完飯還要再來杯咖啡，不是嗎？」

但當時的實際情況是，我在學校餐廳吃著一千五百元的泡菜飯糰加醬湯，而那位教授的助教們，卻因他的挑嘴而對校園周遭的美食餐廳瞭若指掌。想要獨享美味東西的想法，可不只會出現在五歲小孩身上。

作為非常挑嘴的年輕一代，我想說的是，其實老一輩「舌尖上塗的金漆」（暗喻挑嘴程度）也不輸我們。《米其林指南首爾》發表的二星和三星餐廳都位於江南或中區，而不是弘大、新村或大學路這些大學街。汝矣島有許多著名的美食餐廳，只要打開地圖App就能輕易找到。甚至連吃個韓式烤肉飯，都得挑選停車場停滿計程車的店才最好吃。搞什麼？嘴上不是說著，家裡給什麼就得吃什麼嗎……。

被大學生稱為「美食餐廳」的地方，比起真正具有壓倒性的美味來說，倒不如說比較偏向「具有在他處很難找到的特色」或「CP值超高」的店家。前者可能出自「即使要花錢，也要藉由與眾不同的經驗來找尋生活的意義」這種想法；後者則是想要用較為低廉的價格來獲取較高的滿足度。我在大學時期最常去的地方，就比較接近後者的學餐或校門前的漢堡店。

當然也會有人這麼想：「大學生和上班族的收入水準又不同，這樣比較恰當嗎？」那我會說這是個非常正確的指責，因為我也這麼認為。判斷口味是否高級的因素或許是收入水準，我是指和「是否為六、七年級生或八年級生」這種世代區分相比。不管是什麼時候出生，怎麼可能有人能天天吃著相同的東西？口味過於單純這點和年齡相比，比較趨近於因為生活貧苦，吃的菜色也沒有什麼變化的情況。

但即使再沒有錢，也不可能像前例中的玩笑話般，每天只吃湯飯過活，雖然說最近的湯飯也不便宜就是了。就連《魯賓遜漂流記》（*Robinson Crusoe*）的主角魯賓遜・克魯索（Robinson Crusoe）摘果實和捕魚吃著吃膩了，也會在無人島上種菜一樣。即使家境貧困，也不至於會讓口味變得廉價。

小時候我的家境雖然不好，但我胃口卻非常好。現在吃了半隻就撐的炸雞，當時的我可是吃完一整隻雞後，還能輕鬆將整盤義大利麵一掃而空呢！要剩下任何一點無法常吃到的食物，對那時的我來說是絕對不可能的。

以前還曾發生過這種事情。上國中後，我對配菜變得非常挑剔，曾經還質問過媽媽：「我現在正值成長期，妳這些配菜是在幹什麼？我又不吃素。」那時媽媽的回答可說是一絕。

她說曾聽過住在遠方的愛爾蘭人，只吃馬鈴薯卻也活得很好的事蹟。因為她當時講得非常有自信，所以我還煞有其事的相信了。後來學了一點歷史之後，才發現這世上再也找不到如此邪惡的發言了。她到底是在哪裡看了什麼，才會說出那種話來？這到如今仍是不解之謎。

總之，在象徵「最近韓國年輕人的奢侈口味」的食物中，最具代表性的就是馬卡龍。要花韓幣幾千元來買這貝殼大小般的零食來吃，在長輩眼裡看來會有多麼衝擊？難怪有人看到馬卡龍流行起來，就說這是年輕一代衝動消費模式的例子、只是在追求小確幸等這些話，甚至還出現相關的分析報導。

年輕人總是念著別人家怎樣，假裝一副斤斤計較CP值的樣子，結果卻買了相當於一餐價格的小糕點來吃。身為父母那一代，當然會感到無言。

隨著這一連串的形象累積下來，我們這一代似乎讓外界產生了完全不考慮未來、容易被瞬間的欲望吞噬、沒有經濟觀念、嚴重浪費和奢侈、不懂存錢的形象。嗯，我不會說這些批評全然不可相信，因為我確實有這一面，也會從身邊朋友的身上得到這種感覺。

買馬卡龍來吃，需要理由嗎？

我們這一代為什麼要買馬卡龍吃？其大致背景值得我們關注。年輕人到底為什麼要買馬卡龍吃呢？那為數不多的零用錢、打工費或是有如老鼠尾巴般的薪資[13]，就不用存了？就算利率不像以前那麼好，也不至於這樣浪費吧？就算塵土再怎麼累積還是塵土，也不需要將原有的塵土吹掉吧[14]？即使不是為了像十年後、二十年後那麼久遠的未來好了，我們也該為了不知會變成如何的未來打下基礎吧？為什麼要將當存摺一有錢入帳，就立刻全都揮霍在昂貴的食物、出國旅行或美甲上當作一種樂趣呢？

因為我們沒有需要負責的東西。八年級生具有逃避讓某種責任回到自己身上的傾向。**對我們來說，「要對某樣東西負責」是件多麼可怕的事情**。在新婚夫婦中很容易就能找到頂客族，不分性別的不婚主義也正在擴散，從這些種種跡象看來就能理解。

這是我們迄今為止看著父母一代學到的東西——人的自由意志有多麼

輕易就能破壞。原本在公司上班的母親成為全職家庭主婦，每天埋首於家務事；或夢想成為小說家的父親卻變成上班族，做著不想做的事情，這全都是基於責任。**我們為了要活出自己的人生，必須從這種責任之中解脫**。

愛情也伴隨著責任。想要守護心愛的某樣東西，有時就得做自己不願意的事情。我們正因為害怕承擔那個責任而不願去愛，所以我們很難找到可以傾盡所有去愛的人、抱著必死覺悟也要實現的夢想或目標，以及對於自己的無限期待等。所以省錢要做什麼？我們現在又沒有熱愛的東西。**八年級生最大的悲傷就是來自於此——無法輕易去愛任何事物**。

我們這一代的目標並不是靠著存那一點薪水來買房或買車。在目前的情況之下，那麼做根本沒有明確的意義也不切實際。從踏入社會的那一刻起，無論是學貸還是就業準備金也好，需要償還的錢就積在眼前。在邁出第一步

13 韓國會用「老鼠尾巴般」比喻少得可憐。
14 韓國會用「塵土累積起來變成泰山」比喻積少成多。

之前就以負數開始的情況不計其數，這樣還要訂什麼目標存錢呢？如果需要房子，倒不如成為父母乖巧的子女之後繼承還要更快。當然這也是得要有房產可以繼承的情況。

對我們來說只是因為不想被討厭、害怕被人忽視而每天奮力掙扎。找工作也是如此，比起因為是自己真正想做的事情、有想要存錢買的東西來說，只是因為不想看起來太過悽慘。也許正因如此，我們才會對萬事都沒有霸氣、沒有熱情，也沒有自己的態度及思考方式。**因為我們活著的理由不是為了勝利，而是不要失敗。比起實現夢想，只是在努力撐著不要倒下去而已。**

我曾聽過很多次「年輕一代會那麼辛苦，是因為他們沒有希望」，但我認為這句話只有一半說對，另一半是錯的。如果要想成是沒有「努力工作存錢買房、買車、結婚生子」這種常見的希望，也無所謂。

但人類是一種如果連非常非常渺小的希望都沒有，就會連一分一秒都無法生存下去的動物。至於那個希望看起來有多麼渺小、多麼微不足道，就是後面的問題了。這就像現在有很多上班族，正想著幾天後的週末和假日要做啥來撐過一天一樣。像是等待著「中午該吃什麼好」這種小小的自由，來熬過上午的工作一樣。

攝取糖分能讓人心情變好，更何況馬卡龍的外型又那麼精美。我們就是這樣。頂多只能從可以吃著或曾經吃著像馬卡龍這類的高級點心中，尋找出了不起的意義。因為這能為我們平淡又頹廢的人生，帶來一些小小的特別感。說不定，我們正是為了那小小一塊甜蜜而活著吧。

第4章

是誰一直說，只要考上大學，什麼都辦得到？

某電視臺曾企劃過由名教授主導的討論型節目，內容是找血氣方剛的大學生，與現任大學教授針對現今各種社會懸案進行爭辯。我雖然沒有收看但還是知道這個節目，是因為我看到社群軟體上轉發的幾分鐘短片。

該片段的主題好像是關於「政府是否該支助大學學費」。那位教授說「上大學是一種投資，沒有人逼著你上大學，是你主動購買這個教育服務的，這是為了自己的將來投資，憑什麼還要跟政府要錢」，在表明自我主張的同時，也給那群不懂事的大學生當頭棒喝。我看了一下留言，「這教授果然很會講」或「看那群大學生連話都講不出來了」等回應，得到了幾百個讚，擠上了最頂端。

我對那位教授沒有個人成見，我寫文章才不會挾帶個人成見……不，我是會那麼做啦，但現在很肯定不是。我也不想用電視節目或網路上的幾篇文章，來評判連一面都不曾見過的人。但若只針對那段影片討論，我認為那位教授充其量只能說是個邏輯性高於感性的人吧。

在辯論中談論感性可能會讓人覺得可笑，但是在「有必要上大學嗎？」

和「為何為了上大學做到這地步？」這些話之間，存在著比問題本身更具決定性的隔閡。除了感性之外，我還沒有能力想到該用哪些字來表達才好。

有人提到這位教授過去曾用公費去德國留學的事情，也有人說作為首爾大學出身的大學教授，他的立場是受惠最多的，因此不該提出這樣的主張。

當初，該教授只是根據自己的成長環境、身處的時代和經驗為背景，說出自己的想法而已。我只是因為他在節目上原封不動的表達出，他們那一代對我們的認知、精神上的相悖與不理解，而感到悲傷罷了。

如果繼續針對知名大學教授的主張狡辯就是這樣。我們不會因為明天下雨的機率是八八%，就將買雨傘稱為是投資。我們這一代上大學的原因比起投資未來，更趨近於為了生存。

如果在這裡問：「不上大學就會死嗎？」就是馬後炮了。說真的，因為我們從小就是聽信「只要考上大學名校就什麼都辦得到，沒考上就什麼都做不了」這種話長大的，雖然長大後卻發現這些全是謊言。

大學不是人生的全部，這句話以我目前的立場來看自然是理所當然，但在學生時期卻很難相信。父母從早到晚反覆叨念著「好好用功念書」，聽到都會背了。如果我說長大後想要寫作、畫畫或做其他事情，一定就會得到「總之你先好好用功念書。只要考上了好的大學，以後就能做自己想做的事情了」這種回答，所有的父母就像是事先約好了一樣。

父母的學測百日祈福，對我們來說是種枷鎖

某位朋友的父母，為了祈求該朋友考試順利，而進行學測百日祈福，他們每天凌晨都會前往八公山自然公園，舀起一碗乾淨的水向笠岩[15]坐佛像朝拜一百零八遍，聽說一直持續到學測結束的那天。我問他還有辦法相信「大學不是必要的，不是人生的全部」這句話嗎？那位同學的回答是「媽媽，相信我。我會拚命考上好大學的」，結果卻考砸了第一次學測，必須重考才能考上他的目標——在首爾的大學。我想也不需要多提他媽媽又在他重考的那年，為了他進行學測百日祈福的事情。

上大學肯定是一種選擇沒錯，但我們會因為被賦予了「繼續就學」、「不繼續就學」這兩個選項，就能得到自由嗎？剛滿二十歲的青少年真的有能力可以判斷尚未經歷過的事情嗎？據我所知，信念這件事情就連對成年人來說也很困難。

讓我們打開天窗說亮話，在「未來有成為X的可能性，所以事先準備」和「未來沒有成為X的可能性，所以不做準備」當中，你會選擇哪一個？「雖然不知道會變得怎樣，但自己決定好就別再吵了」，這個想法有點危險。這麼說來，為什麼要打疫苗呢？為什麼要花個幾十萬去打九價HPV子宮頸癌疫苗呢？又不是所有女性都會罹患子宮頸癌。是因為錢多到氾濫？還是因為沒有足以戰勝那份恐懼的自信？

答案很簡單。只要有一點會成為X的可能性，就要避免那種情況發生，

15 八公山是韓國佛教文化的中心地之一，「笠岩」是指位於海拔高八百五十公尺的八公山冠峰，岩壁猶如屏風一般圍繞而成的坐佛像。此處有「若以竭盡真誠之心來祈禱，將能實現一個願望」的傳說，因此在韓國大學入學考試期間，為了祈求金榜題名的人群從早至晚絡繹不絕。

是來自於人類的本能，其他不這麼做的動物早在以前就滅絕了。想要更安全生活的這項本能本身就不是錯的。更何況，若這種對安全的需要、對未知的恐懼是從老一輩傳承下來的話……不要說出「明明就是你自己的選擇」不是也沒關係嗎？

第5章

再怎麼傷心
也不能哭的
「小甜甜症候群」[16]

二〇一八年，英國將孤獨分類為社會疾病，並任命了負責處理該問題的部長，這正代表著英國人決定與孤獨宣戰。雖然英國是以食物難吃及各種奇行異舉聞名的國家，但將被認為是個人心理問題的孤獨當成社會問題，這一點值得我們關注。

孤獨就像是心靈氣喘，有明顯症狀，卻無法輕易察覺

我上國中前就得了氣喘，在小學三年級時，才知道自己患有這種疾病。當時因酒精中毒，結束住院治療的媽媽將我從外婆身邊帶走，而我也在這個過程中轉學。

到了新學校的第一堂體育課，偏偏是耐力跑。我在跟著隊伍跑操場第三圈時脫隊了。我的心臟撲通撲通的跳，每一次呼吸都會有胸口被緊揪的痛苦感襲來，冷淡的同學們只看了我一眼就走了。我癱坐在地上大口大口喘氣，這時頭頂罩上了一個巨大的陰影——是體育老師，手上還拿著有如撞球桿似

的藤條站著。

「你為什麼不跑？」體育老師問道。他應該不是想要知道原因才會問我，但當時的我卻不知道這件事。

「因為我……喘不過氣很痛苦……。」我氣喘吁吁的盡力回答。

「是嗎？」體育老師一臉不悅的蹲下來，抓起我的手腕。他在做什麼？我都還來不及思考，就聽到他的大聲喝斥。

「脈搏也沒多快啊！你少在那裡假裝坐著不動。去！給我跑！」

「啊……。」

那瞬間我就像個失魂落魄的小孩一樣呆住，或許就是這舉動惹得老師更加不悅。

「其他人都跑得好好的，怎麼就只有你跑不了？你以為只有你喘不過氣

16 「再怎麼孤單和傷心也不能哭」出自於韓國版《小甜甜》的主題曲歌詞；「小甜甜症候群」為韓國新造語，形容如主角甜甜一直隱忍的詞語。

很累嗎？你是新轉來的那個傢伙吧？以前學校是這麼教你的嗎？只要有一點累就在那裡裝模作樣，嬌弱成這個樣子……還不快跑！」

體育老師才說完，就用藤條抽打我的後背。我刹那間清醒過來，站起來又粗聲喘氣的跑。體育老師非常滿意看著我這麼做，直到不久後我倒在操場地面打滾為止。

我立刻被送往保健室，放學後去醫院接受了各種檢查。醫生說我有氣喘和支氣管炎，所以暫時不要做劇烈運動。之後的體育課，老師將我帶到操場的一角說：「上次對不起，但怎麼不早說你有氣喘呢？」尷尬的向我道歉。我也莫名說了聲對不起。從下一次的體育課開始，我成了跑步等有氧運動的例外。不知是否因為如此，我在新學校花了很久的時間才交到新朋友。

在某些方面，孤獨就像是心靈上的氣喘。雖然不是那種每天二十四小時都得在痛苦中掙扎的病，但在需要以靈魂為單位灌注的工作中，馬上就會變得力不從心。儘管有著明顯的症狀，但大部分的人還是無法輕易察覺。即使後來發現，也無從中得知是什麼原因造成的。

若要說有什麼不同，那就是孤獨不像氣喘可以那麼簡單就被檢查出來，所以經常連存在與否也被否認。即使醫生照了MRI磁振造影，開出「大腦部分確實與他人不同，所以會感到孤獨」的意見書，也會有人不願相信。

我們無從得知父母那一代，是在什麼樣的環境下成長，只能試著揣測。「無法照單全收當下的情感」或許就是父母的父母，或從更早以前傳承下來的遺產。我們擁有的某些情感在社會和人際關係中其實是被禁止的，這些主要都是一些無法證明的負面情感。**感到孤獨、傷心、疲憊、揪心、空虛、憂鬱或悲痛時，我們似乎很少動口表露自己的情感，或覺得這是件非常困難的事情。**

假設其中一名子女向父母說自己「傷心」，這時父母那一代的反應有十之八九都是「為什麼」。因為他們認為人類的負面情緒本身就是問題，必須趕快找到原因解決才行。

從小以來一直都是如此。哭的時候叫我們不要哭；一喊累就會給臉色看，並說大家原本都是那麼累；生氣時則會說真搞不懂這點小事為何要發火。雖然老一輩認為每個人都是這樣長大，但受傷就是受傷。自己受傷的經驗，並不能將造成他人傷害的這件事情合理化。

人類原本就是感性的存在。傷心時會流眼淚，筋疲力盡時就會想要放棄。如果這些按照父母那一代所說的是「懦弱」，那讓人類變得更有人性的，也是懦弱。人類不是懦弱，但是會懦弱才是人性。舉例來說，照著指示去做不是人類，而是機器的屬性。機器不會抱怨或不滿太累，只會在被命令停止或因物理上的毀壞而無法繼續做下去之前，反覆做著同樣的事情。

我們雖然生而為人，但偶爾會被要求像機器一般沒有人性，我們的父母更是如此。父母一代從組成家庭、生下孩子的那一刻起，就必須過著機器般，而非人類的生活。必須成為外出賺錢、或煮飯、打掃、洗衣的機器才行。就算再累再辛苦也不能開口。這是理所當然的事情。因為他們的父母也是這麼生活的。

我們也有你們無法理解的孤獨

大部分的八年級生都對大人們說「說到我那時候……」開頭的戲碼很熟悉了。反之，很多老一輩人認為我們在每件事情上都是沒有毅力、自私又怯弱的存在。然而，孤獨並非是任何一個世代才有的專利。生活在現今的每個人都以各自不同的方式孤獨著，這就是沒有任何一代可以輕易說出，自己「比其他世代更辛苦和孤獨」的原因。

我們也無法理解你們的孤獨和哀傷。「說到我那時候啊，就算是自己一個人走兩個小時去上學，也從來都沒吭過一聲。」「那時哪有什麼洗衣機？一到冬天，雙手就要在結凍的水裡洗衣服呢！」「那時期的軍中為了整頓紀律，即使只是犯了點小錯也會挨揍。我每天晚上都一個人哭。」「我婆婆只說湯太鹹就翻桌了，然後家中也沒有人出面幫我。」「我們那時候連加班這個詞都沒有，反正每天都是加班。在那種情況之下，哪還有什麼加班費可以領。」就算聽到了這些我們也無法感同身受，**已經累積太多痛苦的現實，無**

法讓我們感到幸福。因為我們也有你們無法理解的孤獨。

當我們下定決心要理解你們時，才能成為被你們理解的存在。「真不知道為何無法理解」這句話，只會讓彼此變得更加孤獨。所以比起「請理解我們有多辛苦」這句話，我想藉這篇文章說：「這世上沒有那種即使累還覺得沒關係的人在。你們比我們早來到這個世上，真是辛苦了。」我是真心的。

第6章

是你們要我們別管其他事，只管用功讀書

新林洞[17]，準確來說是大學洞，我在這裡的生活已不知不覺邁入第六個年頭。一開始是被低廉的飯錢和租金吸引過來的，但不知不覺這裡卻成為了我第二個故鄉。雖然有人認為冠岳區和新林洞的治安不好或人心叵測，但等我真正住了下來才發現，這裡其實是個充滿人情味的社區。

所謂的「聰明」，標準是？

冠岳區在首爾裡算是人口頗多的行政區域，但我居住的大學洞自從司法考試廢除後，人數就明顯減少，因此人們常會聯想到的考試村[18]形象也逐漸式微。與仍有許多學生正在準備公務員考試的鷺梁津相比，新林洞就連週末都顯得有些冷清。

即使在這裡住了一段時間，也大致習慣這一帶風景，像是爬上狹窄又陡峭山坡的綠色公車；每次搭乘大眾運輸時，都會經過的首爾大學正門；考試村另一頭的冠岳山巒主臺，或穿著寬鬆運動服在社區內徘徊的考生身影等。

但現在如此冷清讓我感到不太適應。這是一種難以言喻的複雜情緒。若硬要說的話，我想大概是違和感吧。

高中時期的我，不知為何對經濟學很感興趣。我家很窮，什麼都沒有，但當我看著、聽著衡量所得分配狀況的羅倫茲曲線，與所得分配公平程度指標的吉尼係數，就會覺得我和媽每天碰到的那些問題不是什麼大事。感到憂鬱時，只要想著「反正我們只不過是有如宇宙中塵土般的存在」，就會覺得自己的煩惱微不足道，反而笑了出來。

對於眼前的情況感到吃力時，想像一下無法觸及的未知世界，這帶來的幫助比想像中還要大，所以我也很喜歡地球科學。仔細了解後就會知道，在一片漆黑、什麼都看不見的夜空中，其實布滿了許多我們看不見的星星。不

17 韓國行政區劃中，有分一級行政區（廣域地方自治團體）及二級行政區（基礎地方自治團體），其中二級行政區底下分為邑、面、洞，再分為里、統，又再向下分為班。

18 類似臺灣臺北南陽補習街。補習班林立加上考生傾向住在考試院準備考試，而當考試院聚集於一個地區就稱為考試村。

覺得這很有趣嗎？

總之，在經濟學科出現的概念中，有一個比較利益理論。是說明和其他國家之間進行貿易原理的理論。雖然在絕對生產力上存在著差距，但生產特定產品所需要的機會成本各有不同，所以國際貿易市場才會成立。總而言之就是「在各自所處的情況下，必須找到最有效率的東西來投資」的理論。

就像雖然在韓國土地上也能栽種柳橙，卻非得要從遙遠的加州進口一樣。考量到韓半島的地形和面積，不管再怎麼投資，效率都一定會比從美國進口來得低。

如果將這種比較利益的概念套入「世代」而非國家就會變成這樣。雖然中壯年族群也不是不能進行物理上的勞動，但從體力上來說，肯定是不如年輕人。因此在體力勞動方面，青年族群明顯具有相對上的優勢。以這種觀點來看，再也沒有比考試村更沒效率、更畸形的結構了。這裡的青年們全都待在補習班和K書中心奮筆疾書，而中老年人卻在經營餐廳、送貨、咖啡店、洗衣店和管理超市庫存上，承受著相當大的物理負擔。

我認為在大學洞考試村裡，做著最辛苦物理勞動的人，就是回收紙箱和廢紙的老奶奶了。她不分連假和週末，一年三百六十五天都不休息，拖著板車穿梭在巷弄間的各個角落。據說她今年剛好滿八十歲。我當然不是主張所有身體上的勞力活都要交給年輕人去做。

正如「老狗學不會新把戲」這句話一樣，不管是讀書或是任何一切，可能都要趁年輕時累積，才具有真正的相對優勢。但看著那位老奶奶拉著比身體大上幾倍的板車到處跑，看著滿頭白髮、臉部皺巴巴的老人待在廚房裡揮汗工作，對於只能緊緊黏在桌椅上動彈不得的我們這一代來說，心情確實也很複雜。

在距離我家五分鐘的路程上，有一間我常去的小吃店。據說經營那間餐廳的中年夫婦有一個年輕的兒子。幾年前大學畢業後就去了澳洲留學，聽說已經從當地就讀的學校輟學好一陣子了，卻完全沒有要回來的跡象。

「在我看來，他應該不會去找工作。」他母親一邊做菜，一邊說。

「他說想要去學一些其他的東西，但也沒有明確跟我們說要做什麼……以母親的立場來說，當然是很悶啦！」

「真的，您應該很悶吧。」正在聽的我回道。

「乾脆回來一起幫忙家裡的生意還比較好呢。」

「妳在那裡胡說八道什麼！如果要叫他在餐廳工作，那何必供他去上大學，還送他去那麼遠的地方留學？妳當家裡的錢多到爛嗎？」一旁的老闆突然大發雷霆。

「這裡的景氣也不好了，總得讓他多學學，找到可能性吧！」

老闆說了好一會兒關於廢除司法考試後，考試村店家的業績掉了一半的話題，又說因為那該死的法學院，現在雞窩裡再也飛不出金鳳凰了[19]，接著就跑到店鋪後頭抽菸。在出去的路上，他不斷喃喃自語的說：「這裡也不知道可以開到什麼時候。」**為了讓自己的子女學習，而在其他子女苦讀的地方做飯，不知為何，我覺得這感覺就像是場悲劇。**而那間小吃店在那之後不到半年的時間就關門了。

我們常聽到為了要變成更好的社會、更成熟的社會，需要提高國民的水準才行。知識就是力量、所有國家都擁有與之水準相應的政府，這些話常被拿來引用。也就是說唯有國民聰明，國家的運轉才能變得聰明。這主張感覺很有道理，只是我不太清楚聰明的國民中，所指的「聰明」代表的是哪方面的水準。

要掌握知識到某個水準，才稱得上是聰明的社會成員？比方說我們這代的水準比老一輩高？我們可以試著問同個問題。這些問題比表面看起來還要更加棘手。根據對方以何為基準來做判斷，將會得到各式各樣不同的答案。

如果將平均學歷作為水準的尺度，那不用多說，我們這一代人確實更加聰明。因為義務教育被法制化至一定年齡，不但取得了驚人的大學升學率，就連教育品質也跟著提升。但從老一輩對剛踏入社會的八年級生說出的

19 原文直譯為「小河裡再也出不了龍了」，與我們的「雞窩裡飛出金鳳凰」俚語意思相同，故此改為臺灣人較常聽到的說法。

話來看，似乎並非如此。我指的是「現在的人就只會讀書，根本就不會處理事情」、「你們在學校只顧著讀書嗎？怎麼那麼不會看人臉色，也不機靈？」、「從大學出來有什麼用？連個影印機都不會使用」這些話。

雖然我們這一代接受的教育比父母輩高出許多，但能真心說出「最近年輕一代真的比我們優秀太多」的長輩並不多，反而認為「連一件事都做不好」的人居多。

長輩說的話打臉自己

「其他事情做不好也沒關係，只要好好讀書就行了」這句話我聽到耳朵都長繭了。難怪在學校裡，成績好的同學做出令老師不順眼的行動也會被默許。我還因此以為只要好好讀書就不會餓死，所以當應試生活結束，考上位於首爾的大學時，甚至還產生「現在要苦盡甘來了」的天真想法。

直到上高三之前，沒有半個人料想到，我會成功考上首爾的學校，就連我本人也是。如此一來，我還以為只要上了大學，就能保障相應程度水準的生活，還以為我終於從那發出刺鼻臭味、夏天就會有蟑螂出沒的簡陋租賃公寓，順著階級的階梯爬上來了。

但不久後我就明白，**我只不過是考上大學，卻什麼都不懂。我真的什麼都不懂**。該如何繳納公用事業費用、申請資料、辦理銀行業務，甚至連怎麼削水果和處理垃圾分類的方法都不知道。一開始我還因為不知道該如何申請國家獎學金，只得申請差額的助學貸款；因為不懂勞動基準法，所以沒領到一個月的打工薪水；因為不懂房屋租賃專法，被扣了保證金。到那時候，我根本就不懂自己到底會了什麼、學到了什麼。我在學校拚死拚活讀書到底是在做什麼？我怎麼那麼笨，那麼可悲呢？

隨著時間流逝，我也有了獨自生活的能力，但還是不了解韓國社會指的「學習」是什麼意思。我認為不用每個國民都得會微積分，但我們這一代就連文科都必須學習基本微積分。聽說最近還有人在小學時期就已經先修微積分了呢。我這麼說並不代表國、英、數這些基礎科目就不重要。我想表達的是該學到哪裡和優先順序的問題。

我們在學校裡雖然也學了被認為是貼近實際生活的技術、家政、音樂、美術和體育等科目，但從來都不像國語或數學那般受到重視。雖然不能以相同的加權值來評價所有科目，**但主要科目之外的知識有被忽視的傾向**，這也是無法否認的事實。因此學生們認為在上美術、體育課時打開數學評量或英語單字本學習，是一件理所當然的事情。甚至如果不這麼做，反而會覺得自己像笨蛋一樣。

不管是學什麼，學習都是一件很棒的事情。國語、數學、英語和探索科目等，這些知識在現代社會中有多重要，這點無須說明。**但在學校卻無法學到某些對我們生活來說也很重要的東西，必須得自己找方法學習。**該如何管理自己的經濟方面；在圍繞著許多他人的社會中，該如何與人和諧共處；在自己的生活中該專注些什麼；如何分配比重等，如果學校能事先教會我們這些東西，我說不定就不需要那麼辛苦或感到受傷，也或許就不會從費盡千辛萬苦考上的大學中自動退學了。

我並不想否認「只會讀書，什麼都不會的一代」這句話本身，在某種程度上來說也是事實。但希望你們能夠知道，在你們建造出的體系之下，我們會這樣也是無可奈何。明明是你們要我們「別管其他事，只管用功讀書」，結果現在卻又說我們「只會讀書」，這不是在打自己的臉嗎？我自己都覺得很鬱悶了，老一輩的人又會有多悶啊？我們這些八年級生哪有人是因為想要做不好，所以才做不好的？為何不去指責，那個不教導我們該如何申請電子化稅單或傳真方法的這一代教育呢？

我認為不需要所有國民在智力上都表現優秀，也不一定每個人都得從大學畢業，更不需要拿到多益測驗九百分以上。即使那麼做，也不會對每一天的生活有什麼重大影響。真正重要的是，該如何在生活中維護自己正當權利的常識，不要因為不當的理由而權益受損、不知道該如何行使權力或根本就不知道有這些東西存在。

所以我想問問生活在現今的每一個人，我們是否有教育那些正在成長的孩子們，一些真正重要的東西呢？

第7章

我是我，
不是父母的分身

「分身」是線上玩家常用的詞彙，主要是指在角色扮演遊戲中，將最初培養的「本尊」，練到某個程度後再新開的帳號，這也是在最近日常生活中常用到的表現。這麼一看，這個行為可能有點令人費解。遊戲中的角色對玩家來說已經是一種分身，既然如此，不是應該要更熱愛第一個做出的角色，繼續玩下去嗎？

然而，在遊戲中第一個角色是本尊的同時，常常也是「壞掉的角色」。為什麼？因為新開始某個遊戲，就代表著面對全新的世界，並且透過第一個角色，經歷在那個世界上的失誤，及因為該失誤而犯下的錯誤。

例如，不知道魔法師是最有發展性的角色而選擇了戰士；錯過在某個區間必須執行的任務，而造成遊戲進展不順；選擇了重視力量的職業而浪費了智力和能力值；投資到運用率低的技術而非有用的技能，或是不小心用了本名當作遊戲名稱，導致在遊戲中遇到各種困難等。

在第一次接觸的遊戲中，犯下這種失誤都是非常自然的現象，因為對任何人來說，第一次都是極為生疏和漏洞百出的。所以我們在利用本尊了解世界到某個程度後，再創立新角色——分身時，往往會從一開始就傾注所有心血決定發展方向。透過計算初期要選擇什麼職業、要做什麼、不做什麼、要得到什麼物品來創造出有利的環境等，好好的培養角色。也就是說相較於第一個角色必須經歷的壓力和不利等，可以用相對自由的方式去玩這個遊戲。

人生只有一次，無法創造分身

但現實和遊戲不同。出生後，我們會在成長過程中犯下各種失誤，就算是變成大人之後還是一樣。然而**人生只有一次，無法創造分身**。有人會談到前世的記憶，佛教和印度教還出現了轉生的概念。雖然輪迴有可能真的存在，因而得以展開第二次人生，但我們大部分的人都是第一次和最後一次經歷現在的人生，因為這對於沒有死亡經驗或記憶的我們來說實在難以確信。

有些父母會將子女誤認為是自己新開的分身。這世上有哪個分身可以擁有自我並隨心所欲的行動？子女可不是父母的附加角色，只是無意間玩起遊戲的另一位玩家而已。但我們似乎經常可以見到，韓國父母將膝下子女看做是自己分身的案例。

父母們不想把因為「沒認真讀書」、「沒多想就學抽菸」、「考不上大學名校」、「遇到沒出息的配偶」、「沒事先準備好一大筆錢」等原因，而經歷的痛苦和懊悔傳給子女一代，希望透過子女的成功來證明「只要我有機會也能夠做到」。

由於認為自己的幸福已經來不及，他們開始將和自己相似的子女當作化身，努力實現第二人生。「直升機父母[20]」一詞的出現，以及許多父母都對子女說出「這些都是為了你好」、「我花了多少心思才把你養大」等話，都是出於這種心態。

對生活感到不滿足的父母，會將自己投射在子女身上，將子女視為是達成先前無法實現目標及欲望的代理人。這個模式的歷史比想像中還要悠久，這點從法國作家居伊・德・莫泊桑（Guy de Maupassant）十九世紀後期的作品《女人的一生》（*Une vie*）中便能知曉。

這是一部描寫貴族出身女性，珍娜的一生的作品。成為母親的珍娜，將自己不如意的人生全部傾注在兒子保羅身上，這時珍娜所展現出的母愛超出正常的水準，已經到了一種執著的地步。

她一整天的心情會被保羅的情緒左右，甚至還有過度保護傾向。對於母親這般行徑感到厭煩的保羅，在成年之後就立刻離開了家。剩下的內容我推薦各位親自閱讀。

我想說的核心重點是父母過度介入子女生活這件事，在古今中外、男女老少的身上並不少見。人類是一種無論以何種形式，都想在自己的生活中找出意義的動物。我沒辦法說，懊悔自己虛度的青春，並正面臨著人生黃昏期的你們，對我們寄予期望是錯的。因為這種期待也是另一種形式的愛。雖然這種愛並非子女所選擇的人生，而是你滲透在他們身影中的那些碎片。

20 原文為「直升機媽媽」。在韓國孩子主要照顧者還是媽媽，但在臺灣「直升機父母」一詞比較常見，故譯作直升機父母。

這件事發生在我學生時期，班導師和母親在談話。我當時也在旁邊，但不清楚究竟是為了什麼理由被約談。或許是我闖了什麼禍吧，畢竟在我小六的那段時間，在學校各處都引發了不少問題。

在我帶著一臉反省的表情靜靜坐著時，大人的對話一直持續。我突然想起媽媽在對話結尾時說出的話。

「那是因為這傢伙不肯學習，如果他願意學習就會做得很好。他頭腦可好了。」

「就是說啊，如果他好好表現就好了。」班導師附和。

從那之後媽媽都會在我快忘了這段話時提起：「你怎麼不讀書？你頭腦那麼聰明，只要稍微讀一下，成績馬上就會變好了。」她不是為了增加我的自信心，而是每次都帶著充滿確信的表情說出這些話。現在想起來，或許那就是她對自己的期待也說不定。「因為是我的孩子，如果我有機會，應該會做得比這個更好。」因為她想要試著證明自己的腦袋原本就不差。

所以我還以為自己的頭腦很好，以為只要稍微讀個書就能得到很好的結果。但自從我就讀國中之後，成績就不斷退步，一開始我還為此感到慌張。是我的頭腦不好嗎？我還以為光聽課就能達到平均值以上呢。那是我這輩子第一次主動嘗試學習，但分數卻沒有提升。如果一班有四十個人，我大概就是排在第三十五名左右。

在這種狀況持續之下，媽媽從某一刻起就幾乎不再說我頭腦很好了，取而代之的是，「你這個吊車尾的跟人家上什麼大學」。

「數學和英語都是天生的，在我看來你沒那個潛力。」對我已超越失望，來到絕望境界的媽媽連看都不看我一眼的說。

「不試試看怎麼知道……。」我因為受傷而這麼回答。當時的我自認這是反抗。

「是要試什麼？我和你爸都是因為腦袋不好，所以上不了大學，你覺得你會有什麼不同嗎？還是別浪費時間，去學點技術吧，這樣還比較好。唉，我真是白送你這個腦袋差的孩子上什麼文科高中了。如果送去工科，至少還能學點什麼之後，去工廠工作。」媽媽在菸灰缸裡將香菸捻熄，不看我一眼就走出了大門。

我認為媽媽說的沒錯，有時我們會過於高估自己的能力。人們都說只要**肯努力就會有好結果，但大家都知道實際上並非如此，只是不想承認罷了。**會讀書的基因是存在的，沒天分的人再怎麼努力都只是像在抽刀斷水一樣，無濟於事。對於從大學名校畢業的父母來說，當然就會有前往大學名校就讀的子女。但對於勉強才從高中畢業的父母來說，有很多子女連大學的門檻都過不了。

不努力或是沒盡全力這些話，說不定只是為了那一點可能性而做出的辯解。當老一輩看到子女一代取得不亮眼的成果會作何感想？真的會擔心國家就要滅亡了嗎？還是會害怕經濟成長率直落負數呢？這個嘛，我想應該覺得可恨吧。

可悲、愚蠢、不懂人情世故，卻又想做很多事情。只會增加一堆不切實際的目標或計畫，而且過沒多久就放棄了。因為你們在我們身上看到了一部分自己的樣子。

我在小時候玩過《美少女夢工廠2》（*Princess Maker 2*）。這是一款在照顧養女並將她培養成嫻淑女性的過程中，間接體驗父母心的遊戲。我養的第一個女兒太差勁了。因為比起集中加強於同一個地方，我隨意讓她去做了很多看起來不錯的事情，結果卻出現變成獵人這種模稜兩可的結局；第二次因為沒做什麼特別的事，所以讓她嫁給一個善良的貴族，過著平淡的普通生活；我從第三次開始，參考了網路上公開的各種攻略。雖然，最後成功實現了讓她變成王妃嫁給國王的結局，但我好像一點都不愉快。

為什麼呢？過了十年後的現在，我思考了一下。成為流浪全國的傭兵女兒就真的不幸嗎？成為地位高貴的王妃就真的幸福嗎？也許女兒想過的是自己的生活，而非爸爸靠著找攻略一手打造出的成功人生。說不定她想要的是和朋友一起出去玩樂，而不是為了累積知識上著無聊的課程，就像我在那個年紀時一樣。

《美少女夢工廠》是一款很棒的遊戲。但說得嚴肅一點，如果我是遊戲中的女兒，應該不會覺得幸福。如果是我，可能會覺得根本就不需要被調教吧。不管是誰可能都會這樣想。若非遊戲中的角色，而是現實中的人物，比起由別人打造出來的人生，應該都會選擇由自己創造的人生。

假如我的人生是一場遊戲，希望名稱不是總統夢工廠、CEO夢工廠或律師夢工廠，而是以我的名字命名。讓我從出生到死去的那個瞬間為止，都能當一個完整的自己，拜託一定要這樣。

第8章

連一年都撐不過去的「習慣性離職症候群」

一直有人指責年輕一代沒有毅力，這主張並非毫無根據。事實上，在大學畢業並成功就業的青年職場新人中，十個裡面就有兩至三人不滿一年就決定離職。

韓國統計廳發表的資料顯示，我們這一代的平均年資不到三年。就連那些求職生夢想進入的大企業情況也非常相似。

我們會離職不是因為有明確的規劃，而是因為害怕

現在是什麼樣的時機？因為工作崗位不足造成就業困難，國家正一步步走向滅亡。如果好不容易成功就業，緊抓著不放都不夠了，竟然會撐不到幾年就選擇跳出。

這真是一件諷刺的事。就算是不願終身奉獻給收留自己的公司——所謂的終身職場概念也好，但也要為了避免在職涯方面受到損失，少說應該撐個幾年才是比較合理的選擇。

在我們這世代的內心深處，一直都有離職或是轉職的可能性，隨時都可能會發生。我試著聯絡了一、兩年前，在不錯的公司上班的友人打聽近況，結果發現成為無業遊民或自行創業的情況比比皆是。

更何況，和有具體原因的人相比，沒有明確理由辭職的人更多。根據某求職網站的統計顯示，**在新進員工早期離職的理由中，最常見的回答就是「因為和想像中的職務不同」**。

掙人家的錢換口飯吃並不是件容易的事，設法努力適應都嫌不足了，怎麼能只做著自己想做的事還領薪水呢？如果要那麼輕易放棄，那何必費盡千辛萬苦，突破幾百人的競爭進來呢？這個嘛……我們不太清楚，他本人或許也不太清楚。我們也不是完全不能理解老一輩人對我們的困惑。

難以找出明顯的離職徵兆，這其實非常理所當然。在還沒有下定決心的情況之下，沒有幾個人會厚臉皮的對職場上司，嚷嚷著「我馬上就要離職了，嘿嘿」吧。對你們來說，我們離職或許就像是突發事件，就像毫無預警被閃電劈到一樣。

你們可能會說，就算真要離職，先打個方向燈通知一下會少一塊肉嗎？如果有什麼逼不得已的情況，要是能幫得上忙當然會幫，難道是有什麼信念和想法才會這麼輕言放棄嗎？

這是誤會。**我們這一代之所以會離職不是因為有了明確的規劃，而是因為害怕。比起「有放棄的理由」，更趨近於「沒有繼續下去的理由」。**

舉例來說，在軍隊中有不得不撐下去的理由，因為逃兵是躲不掉的犯罪行為。就算再怎麼被學長折磨，也總比被抓到禁閉室，淪落為罪犯還好吧？此外，既然身為韓國的男子漢，也只能以任何形式履行國防義務，至少在軍旅生活中，還有退伍這個明確的結局（雖然後備軍人還是存在），還存在著總有一天能當上兵長，維持相對舒適生活的期待和希望。

但公司生活卻有所不同。對於「我有能夠不計較這些鳥事，繼續工作下去的理由嗎？」這個問題很難給出明確答案。以老一輩來說，可能會回答有必須負責的家庭，或可以從正在成長中的公司得到保障職位等答案；但我們**這一代除了父母的期許之外，沒有值得負責的事情，而且成長也早已停滯許**

久。在這種情況之下，對一間公司付出幾十年的忠誠又能得到什麼？

首先，在穩定性上就不具優勢。在大企業就職之前的高等教育和求職過程中，有父母給予後盾，這就代表著我們在「足以威脅家庭安寧的經濟壓力」之下，擁有某種程度的自由。

所以說真的，老一輩太努力工作了。就是因為他們做了太多，才讓我們不用對自己或其他有血緣關係者的生存負責。所以年輕人才不會抱著必死的決心投入勞動，反而開始煩惱什麼才是人生中真正的幸福，費心思考現在的人生，是否值得我們付出年輕的機會成本。

我們為何「習慣性離職」？

每個人都有慣性，現在的年輕人也是一樣。如果可能，我們也想在已經適應的環境下，尋找動機和新的刺激，努力安定下來。但假使情況沒有任何改善的跡象，導致陷入「該不會就要像這樣，持續同樣的日常生活來度過我的青春吧」的恐懼中，就會有一、兩次在入口網站搜尋「離職方法」。

在彷彿被框住的日常生活中，夢想著離職所帶來的非日常經驗。拿離職金去某個地方旅行吧、開始從事先前沒時間做的運動或興趣吧、也得見一見之前以忙碌當藉口沒見到的那些人等，要是這樣的想法一個接著一個出現，就很難回到之前輕易就能執行的工作上了。

當然，辭掉先前的工作就能為人生帶來巨大變化，或帶來能夠實現這種變化的決定性契機的事例，可說是屈指可數。大多數都是用賺來的錢，過幾個月寅吃卯糧的生活，接著又再度重回就業市場，投入另一個職場。

在新職場中做的工作，又會再次變成和想像不同的工作，接著反覆這樣的生活，最後邁入婚姻或變成必須靠著年邁的父母支助的情況。

我們知道長時間連續工作，只會換來和親愛的家人關係疏遠，以及脂肪肝或心肌梗塞等慢性疾病，和沉浸在惰性中而失去熱情和挑戰精神。我們不是透過他人，而是透過父母那一代的樣子學到的。我們本能的認識到，不管是以何種形式，人生中可以放棄正在做的某些事物，來展開全新冒險的時間其實不多，並為此感到畏懼。

而且還會對於從父母身上，看到自己不遠將來的樣子感到害怕，被困在作為一家之主、可靠的配偶或為人父母的生活中無法逃離，就像曾和我們一樣年輕的你們，在當時也是如此。

最近只要睡一覺起來，世界就變了。在我們睡覺的同時，全新的資訊就如同雨後春筍般湧現。幾年前，從不曾想像過的智慧型手機就這麼登場，甚至連不曾聽聞過的職業也接連出現，KOL（Key Opinion Leader，關鍵意見領袖）和網路創作者們紛紛在大街上昂首闊步。

另一方面，幸福人生的基準也變得多樣，我們甚至分不清，什麼才是能夠追求真正幸福的事情。雖然沒有多少選項是個問題，但因太多條出路而歷經混亂這也是問題，只是在彼此不同的領域中傷腦筋而已。要追究在缺乏和過剩中的哪一方比較辛苦，真的沒有意義。

簡單來說，**我們的習慣性離職，只是不想沿襲你們過去經歷的那些悲傷**

所做出的掙扎。如果你問：「你只是包裝成那樣，但還是會想要過上更好的生活吧？」我也會照實回答就是這樣沒錯。那不是理所當然的嗎？但這與是否習慣性離職無關，只是不想跟隨父母艱苦人生的腳步行走，你們不也有這種想法嗎？我們也是一樣。

第 9 章

和老一輩的人對話，本身就是一種壓力

幾個月前，我看到一位七十多歲的計程車司機，於反對共享汽車新創公司「TADA」的抗議過程中自焚的新聞。據說在人類能感受到的疼痛中，身體被火燃燒的痛苦是最嚴重的。撇開所有利害關係不談，無論是誰，在這種痛苦中死去，都令人悲傷且深感遺憾。

話多的計程車司機讓人苦惱

原本以為只是主打高級計程車服務的TADA，竟會受到如此強烈抵抗，這帶給我很大的衝擊。比起「有需要用這麼嚴重的手段抗爭嗎？」我反而先想到「我之前怎麼沒看到這則新聞」。回過來看，其實到處都存在著線索。在網路的重點新聞欄位、計程車後座出入門的貼紙上、行經鐘路附近見到的廣告布條和告示牌上都能見到。

事到如今似乎也只能承認，我是個對與自己無關事物漠不關心的人。此外，若不是自焚這個關鍵字，我可能連一眼都不會注意到吧。

我第一次使用TADA服務，大約是在去年初左右。當時為了把家具搬進現在住的房子裡而搞得筋疲力盡。因為實在不想再兩手拎著行李搭乘地鐵二號線撐個三十分鐘，所以我決定搭計程車前往。

但下班時間很難見到亮著空車燈的計程車，所以我只好用Kakao Taxi將計程車從遠處叫來，卻沒收到任何回應。在這個地鐵擠滿人潮的時段，和我有著同樣想法的人，應該不只一、兩個，所以這個結果也是理所當然。

站在原地等計程車三十分鐘，一直雙手提著沉重行李，讓我逐漸感到疲倦。甚至到了如果有人肯載我回家，管他什麼錢都無所謂的地步。我認為自己至少該做些什麼，所以當場下載並安裝了「CHACHA」和TADA兩個程式，接著在TADA平臺上先叫到車。

這之後嘛，只為了載我一人，竟然來了一臺體型龐大的多功能休旅車Kia Carnival，這讓我大吃一驚。當我用力抓著門把要打開時，才發現那是自動門，讓我不免有些慌張……在那之後我好像又搭了五、六次吧。

我還有過前往距離頗遠的地方開完會後，老闆要我舒服點回家而叫了

TADA送我一程的經驗。不知為何，感覺就像受到了過度的款待，讓我心情有點微妙。

就我個人而言，比起看到自焚事件的新聞，當時幾位新創公司關係人，上傳至社群媒體的長篇PO文更令我傷心。這些文章大多只有用語不同，差不多都是「進行自焚這種舊時代的抵抗之前，是不是應該先回過頭看看，這段期間計程車公司提供給乘客的服務有多糟？」、「TADA只是提供了消費者想要的服務而已，無法適應變化的計程車司機自然會被淘汰」、「如果政府受到這種作秀影響而阻礙了TADA的成長，那還有誰敢創業？」等內容。

雖然這些意見都很有道理，我也充分理解為何會出現這種見解。我也曾創業過，短暫投入IT領域。對於只注重「成長與生存」的新創公司來說，要考慮現有業界的反對而全面修改事業模式，或一開始就想出可以共生的方案，是一件多麼不切實際的事，因為新創公司最關鍵的就是要做出區別。

對此事感到最苦惱的大概就是TADA了，既沒有違反法律（在寫這篇文章當時，韓國還沒通過TADA禁止法[21]），也沒有違反公平競爭，嗅到一線商機而投入的結果竟是如此。如果我是公司老闆，應該會因為內疚而放棄事業，進而轉向投資最近因為都更，而房價上漲的冠岳區的房地產吧。

只是我對這起事件，社會輿論似乎只打算從該事業的合法性或和解可能性等處，尋找原因感到有些失落。雖然根據世代或觀點的不同，可能會覺得我這些話聽起來有些不妥，但我認為世代間的隔閡，至少在鬧大TADA事件扮演了相當主要的角色。

當然這種隔閡也有一定的必然性。隨著時代變化和技術的發展，原本就避免不了社會各個階層發生衝突。即便如此我還是想提出這個話題來聊一聊，是因為這世上還有許多悲劇事件，難以用「就是會有這種事發生」一句話來辯解。

「話多的計程車司機」究竟有多令人苦惱……只要是生活在韓國的八年

21 如果不是正規傳統計程車的話，無法像計程車一樣營業。類似臺灣之前的Uber爭議事件。

級生，大多會有所感觸。雖說現在二十多歲年輕人會說：「管他錢包有沒有錢，還是照搭計程車。」這句話包含了很多含意，但硬要說的話，應該就是「必須前往目的地，但現在真的已經筋疲力盡了，所以想要採取不必和他人碰觸，而且可以享有個人時間的輕鬆方式前往」的想法。

請勿搭話，拜託讓我休息！

無論是誰都會有想要以更舒適的方式移動的欲望。而相較於其他大眾運輸工具，搭計程車對乘客來說最輕鬆，更何況是對那些難以替自己發聲的二十多歲人來說，這還具有可以暫時調節急促呼吸及穩定情緒的目的存在。好不容易下定決心才搭計程車，但前座的計程車司機卻帶來莫大的壓力，這樣會讓先前擁有的所有欲望全都化為泡影。明明是因為很累才搭車，沒想到卻遇上了讓人更疲累的狀況。

我在這裡要提出一點，這也是現在韓國年輕人喜歡TADA更勝於一般計程車的最大原因。老實說以「迅速又舒適的前往目的地」這個目的性來說，這兩者並沒有什麼區別。更大更舒適的車、自動門、衛生條件、手機充電線、較為年輕又安全的司機等，雖說TADA有很多部分都比較好，但這些因素似乎不是具有決定性的原因。

包括我在內，身邊只要曾經用過一次TADA服務的人，都一致最先提到「司機不會搭話真好」。仔細想想還真好笑。我一直認定所謂的優質，指的就是以「附帶提供比既有更棒的服務」做出區別，但提供優質計程車服務的TADA，最有特色的部分竟是「不提供既有服務」。

計程車已屬於高階交通工具，但僅僅因為不搭話就欣然選擇使用比計程車更貴的（雖然這會依據情況而有所不同）TADA，可見這被當作是個不得了的優點。

「不是啊，不管再怎麼累好了，司機只是搭個話而已，有必要那麼不快嗎？計程車開了一天應該也很寂寞……難道就不能和客人聊個幾句嗎？」當然也會有人這麼想。八年級生當中也有的人天生就很有長輩緣，那種人的存在本身就是個超級圈內人[22]化身。

我想在某處也一定有那種和司機拍個兩集綜藝節目《歡樂在一起》，就彼此交換電話的人在。但多數人都不屬於這種情況。你知道在韓國人口中有高達三五%都是A型嗎？我直到稍早前也還不知道這件事。

這話說的也沒錯。計程車司機也是人，無聊時就算想聊個幾句也不太容易。老實說，有多少人可以一整天都閉著嘴，只顧著埋頭苦幹工作？但我希**望你們能夠理解，對於大多數的年輕人來說，必須和老一輩對話本身就是一種壓力。**

為什麼會造成這種情況呢？就只是剛好發生了而已。假設二十多歲的你在大白天滿身大汗的搭上計程車，告知完目的地就望著窗外。駕駛座上的是一位服裝輕便、戴著太陽眼鏡的典型計程車司機。計程車有如滑行般的沿著道路下行，接著突然在快到光化門廣場時遇上紅燈。現在司機將車停下，開始看起附近掛的布條和寫著紅字和黑字的抗議標語。

像我這種小心的八年級生，從這時起就會開始感到不安。若司機像在自言自語（卻又發出聽得見的聲音）般的叨念著：「嘖嘖嘖……看看國家這個樣子，真是……。」、「唉……。」這樣的話，大概有十之八九會發生以下情況。

「在韓國生活真不容易，對吧？」

司機很愉快的開了頭。這時我的大腦開始全面運轉，想著該怎麼回應才好，但他似乎無暇等待，像連珠炮似的說著。

「文在寅那傢伙還真不是個當總統的料，結果卻讓他選上總統。」

一切就從這裡開始。雖然不知道他一開始想要得到的是什麼答案，但這種提問最大的問題點就是讓人當下無處可逃。作為已出道五年的自由工作者、搭乘計程車前往過無數次會議的我來說，掌握到的模式如下。

「啊……對啊……說起來的確是這樣呢。哈哈……。」

---

22 insider，很融入團體的人。

↓只要一附和，司機在下車前就會一直說明這個國家的現況。

「我……我不太懂政治……。」

↓極有可能會被司機罵：「果然現在的人一點都不關心政治這些重要問題，不要每天光顧著看電視，也多讀點報紙吧。」（我實際聽過的話）

「……。」

↓雖然也有人會以為我真的睡著而停下來，但繼續自言自語的情況更多。感覺這樣會莫名變成沒禮貌的人，所以我很煩惱到底是該繼續閉眼，還是該睜開眼睛好。

「您說的百分之百沒錯，老人家。他怎麼看都不是塊當總統的料。」

↓司機說著「你這年輕人還真是難得」，興奮之餘又繼續聊下去。乘客在下車之前必須一直扮演附和機器。（實際發生過的事）

「但大家不都說政治是百年大計嗎？既然都選他當總統了，是不是應該要再繼續觀察一段時間？」

→「你上次總統大選投給誰？」

「啊……我投給……是四號還是五號……我不太記得了……。」

然後就被罵為什麼連這種事都不記得，然後一直到下車前，會不斷被叮嚀不管選誰都是個人自由，但就是千萬不要選出一個紅色的，做出賣國的事情就好。（實際發生過的事）

有些對話對八年級生來說，是一種壓力

想和年輕人交談並沒有錯，但對話有時會演變成令人疲憊的情況或不快的主題。再加上現在的年輕人不僅沒房沒車，只有一身債務，因此想要和搭車的年輕人進行一場世代間的良好對談，在這情況之下實在是太混雜了。

如果你不想聽那些，那別理他不就得了？幹嘛沒事還要看人臉色？有

些人可能會這麼想。但對於八年級來說，在面對長輩時會有這種感覺，就是「即使沒辦法做到畢恭畢敬，至少也不要一副沒禮貌的樣子」的心態。這真的很叫人吃驚。父母那一輩說的「餐桌教養」原來不是完全沒有成效。

從小就聽過數百遍「要好好聽話，用功讀書，看到長輩要恭敬打招呼」，所以這對年輕人來說也不算什麼大道理，因為到現在早已變成就像條件反射一般。

這並不僅僅侷限於計程車裡，如果問公司或任何組織對於八年級生的印象，大概都會得到「雖然不會覺得沒禮貌，但也不隨和或平易近人」、「很少坦率說出自己的看法」、「難以看清內心想法」等相似的答覆。

我們也不是完全無話可聊。雖然我們這一代具有個人主義的傾向（成長的時代不同，所以這好像也沒辦法），但仔細想想，我們似乎從不曾和人輕鬆交談。幾乎不曾在方便舒適的情況和場所，與他人交流彼此的想法。

我們是在哪裡說話的？是在中途暫離去抽根菸的地方嗎？在久違的聚餐或酒聚上？在因為累而搭乘的計程車後座？在數十人加入的聊天群組中？在

因為最近工作有些不專心而被叫去約談的場合中？

在那些場合中能展現出的真實自我非常有限。即使立意良好，情況也令人感到很有壓力。如果想和某人發展成親近的關係而交談，但所到之處都耳目眾多，說出口的話就會立刻被傳出去。到家時身心都很疲憊，只要一進家門就會馬上昏倒。因為我們彼此之間的時空間本身就不一樣。

就連在網路上也出現了世代之間的隔閡。其實應該不到隔閡的地步，只是使用的平臺有別。社交媒體只會呈現和我關係密切或相似之人的想法和內容。雖然我們這一代也會使用Kakao Talk聊天軟體，但最近使用ＩＧ聊天室的人非常多；比起用來交流，Facebook已經變成無聊時，會去瀏覽一下的空間。感覺相對迂腐的Naver部落格或Daum咖啡比較像是你們會用的地方。至於BAND[23]，因為我沒用過，所以不予置評。

就像老一輩不了解我們一樣，我們對最近十來歲的那個族群也是一無所知。之前只聽過他們流行使用Facebook Messenger和Tiktok來交流，但現在又不知道變成什麼樣了。雖然他們比我們常看YouTube和推特沒錯，但據我所知，最近的老一輩也很常看YouTube，一點都不輸年輕族群。雖然我們和你們看的東西不同，但世上有什麼不是這樣呢？

我偶爾會和透過先前創業結緣的代表見面，談論各種話題。雖然他是父執輩的人，但每當和他交換見解時，會讓我覺得年齡差異根本不是問題。

我長大之後會變成哪種大人呢？有辦法像那些代表一樣，成為出色的大人嗎？等我變成現在的老一輩這個年紀，有辦法和子女輩的人，毫無代溝的愉快交談嗎？我不知道。有誰知道在某個時代的哪個世代，會延續著什麼樣的生活。

誰都會害怕與長相不同、想法不同、環境不同的存在進行交流。即使如此，在我身邊也有可以讓我真心尊重的長輩，而那種長輩會對我說出「真酷」、「你做得很棒」來展現出對我的信任。可以和那種原本認為反正沒辦法理解、沒辦法溝通或完全沒有共通點的某人交談，真是件令人難以言喻的樂事。

所以我想，TADA真正鑽進的或許不是優質計程車市場，也不是旅客運輸事業法的漏洞，而是對於彼此的恐懼。**我們真正該傷感的是不知從哪一刻起，「不搭話」變成了優質服務的這個時代。**

23 韓國年輕人也會使用Naver部落格或Daum咖啡平臺；而四十至五十歲左右的長輩們才用BAND。這裡想表示，年輕人比起那兩個平臺更常使用IG聊天室；而長輩們將BAND作為同好會或同學會的聯絡窗口。

第10章

不得不稱呼
你們為老古板的原因

克里斯多福・諾蘭（Christopher Nolan）導演的電影《蝙蝠俠：開戰時刻》（*Batman Begins*），是一部講述蝙蝠俠誕生故事，非常具紀念性的作品。就如同它的片名，我們可以看見主角布魯斯・韋恩（Bruce Wayne）成為高譚市黑暗騎士的過程，這可說是「克服兒時傷痛和創傷，重生成為英雄」的英雄電影教科書。

說這種話，人家會覺得我是老古板

我個人認為，若續集《黑暗騎士》（*The Dark Knight*）和《黑暗騎士：黎明昇起》（*The Dark Knight Rises*），提出了善惡兩面與人類本質等較高層次的問題，並且營造出了黑暗氛圍，那《蝙蝠俠：開戰時刻》就是一部滿懷希望的作品。

最讓我印象深刻的場景是描寫主角兒時的序幕。布魯斯和青梅竹馬瑞秋玩耍時，掉入了一座老井。這時，無數的蝙蝠從井底下的洞穴中飛撲過來，讓少年布魯斯心中因此產生了深深的恐懼。以下是布魯斯被救出後，父親湯瑪士・韋恩（Thomas Wayne）與飽受噩夢折磨的他，親切交談的片段：

「你知道蝙蝠為什麼攻擊你嗎？因為牠們怕你。」

「你說牠們怕我？」

「所有動物都會害怕。」

「就連可怕的猛獸也是嗎？」

「尤其猛獸更是如此。」

「老古板」這個詞具有長久的歷史，足以和「最近的小鬼頭」媲美。只是在網路普及化後，隨著世代間的衝突表面化，使用頻率明顯增加，也比以前具有更象徵性和延伸意義。總而言之，若以前老古板是學生之間，用來稱呼老師或父母一代的詞彙，現在則又加上了「將迂腐思想強加給下一代」、「具有過時的感性」、「倚老賣老亂說話」的負面意味在內。

而老古板就這樣成為了老一輩害怕聽到的話。雖然有點意外，但這件事也挺有趣的。因為在我們這一代用的眾多詞彙中，他們唯獨對老古板一詞反應特別敏感。這麼說來，最近常看到一些因「說這種話，人家會覺得我是老古板」這些話而開始焦急的長輩。

我想不管由誰聽來，都像是希望不要把我當成老古板看待的意思吧。嗯，以我的標準來說，為了不變成老古板而努力，這個行為似乎就已經是非老古板的證據了。

老一輩害怕被稱為老古板其實是自然現象。人類不管怎麼變，都是一種會因害怕落後、怕被淘汰而感到不安的動物。寧可讓身體老去，也希望精神可以永遠停留在青春時代。對那些擁有個人目標過活的人說出「你的思考方式和價值觀過時了」，在各方面來說都遠比辱罵更來得致命。

年輕一代在談論老一輩時，常會忽略一件事，那就是這些老一輩也曾經當過年輕人，而且那段過去距離現在也不算非常久遠。仔細想想，父母輩不可能沒感覺到我們這一代對於他們的負面情感。上一輩一定曾像現在的我們一樣，對更前面的那個世代感到厭煩，應該也曾出現過「我長大之後才不要變成那種大人」、「至少我要當一個對下個世代更好的人」的想法。

然而，時間轉眼即逝。清醒過來才發現自己已成為年輕一代的父母、師長或主管。當然，我們不可能處之泰然的聽人家稱呼我們老古板，或說我們想法過時。因為這代表我成為了自己以前討厭、痛恨，並下定決心千萬不要變成的那種大人。誰都看得出來，就連那些老古板本人，在年輕時應該也曾像我們一樣討厭老古板吧。

在老一輩對於八年級生抱持的偏見中，確實存在著一些毫無根據的誤會。但我對於他們認為我們「執著於瑣碎的事情而不懂變通」、「具有強烈的自我防衛性」的這些意見表示部分贊同。雖然我的敏感和挑剔程度也不亞於他人，但從我這個同一世代的觀點看來，確實有些時候也會讓我留下有點過分或怪異的印象。

這是發生在我創立公司並擔任代表時的事。當時公司用的是我親自設計

（話雖如此，但是我用Photoshop在十分鐘之內做出）的LOGO。雖然我自己覺得還挺滿意的，但其他組員卻面露難色，所以我們最後決定要委託外包設計師來設計LOGO。既然都要委外了，那我想做出一個能讓全公司滿意的LOGO，所以分別委託他人推薦的四、五位設計師。

這是我第一次將設計委外執行，怕費用過高，所以請教了當中資歷最豐富的設計師。反正也還沒決定要委任哪位設計師，所以我只打算付些稿費拿個試稿，不知道二十萬元左右如何。那位設計師告訴我只要一、兩個小時就能完成，所以算合理。

我當時光花在設計LOGO上的費用，合計起來就已超過一百萬元。雖然這筆錢不算多，但我當時創業的資金就只有一百萬元。以一個沒錢的新創公司來說，這花費已經算是頗具誠意了。

因為這工作很簡單，所以多數設計師在一週內就完成了試稿，整個過程也還算順利，除了和其中一位設計師之間發生的鬧劇之外。

那位設計師是我透過創業的熟人認識的。他在大學主修工業設計，但後來休學。根據介紹的熟人說，他雖然沒有作品集，但很有品味，要我放心交給他。因為小公司沒有非用專業人才不可，所以我便爽快的委任給他。在聯絡幾次之後，對方告訴我「我會在一週內開始作業，但請你先將稿費轉給我」，我就立刻轉了二十萬元給他。

自那時起過了半個月，其他設計師製作的LOGO早已在一週前就全數送達，而我心裡也有了偏好的選項，但我還是打算等收到全部試稿後再做決定。我想那位收了我二十萬元的設計師說不定是忘記寄出，所以我還是先傳了簡訊給他。

我傳了「不知您是否一切安好，換季期身體都無恙吧？我聯絡您，是想知道先前委託您設計的LOGO進度如何。雖然不是什麼急事，但要一直延後決定也讓我有些困擾，還請您告訴我大約什麼時候可以交件，感謝」等內容。我擔心對方會感覺我在催他，所以盡可能禮貌詢問，但我卻在凌晨時，收到了長篇大論的回覆。

根據我的印象，大致就是這樣的內容：

代表您好，好久不見。我過去十天都在新加坡。當然我預收二十萬稿費這件事情屬實，但代表您也沒有另外和我簽約吧？我之前也接過幾次外包，可是像這樣處理事情的也就只有你們了。

哪怕是小小的工作也要先寫好委外合約，決定好交期日才會開工。因為我沒有設計的經驗，所以不知道設計LOGO需要花多少功夫，這也是無可奈何。但這絕不表示您可以這麼草率的和我合作。我先前雖然和您說過會在一週內動工，但要我在出國旅行途中，做您委託的工作似乎有點強人所難。

若您先告訴我是急件，我可能會在出國前就先做好，但您現在卻反過來說是因為我而讓進度拖延，我認為這樣的說法有誤。請您千萬不要對其他人說出這種話。

我感到有些慌張。原本以為該不會是我在喝酒之後傳錯訊息，所以還跑去瀏覽先前幾次聯絡的紀錄。最早的對話也只是形式上的問候和協調日程與費用，但我認為說不定，會在無意間讓人覺得我在耍甲方特權，所以盡可能真誠給答覆，傳了「若我有說錯的地方，那真是抱歉。沒寫合約書是因為我覺得金額不是太大，而且是相對簡單的工作才這麼處理。我才創業不久，確實在行政作業上也有很多疏失漏洞，對於先前沒有先告知您的部分，真是非常抱歉。我現在會擬一份簡單的合約書並透過電子郵件寄給您，請您再看一下如何」等內容。

過了十幾分鐘，我收到了「好，如果你想的話就這樣吧」的回覆。我只是要收個試稿，怎麼感覺事情變得有點複雜。我抱著「或許也有些人認為程序非常重要，若要嚴格說起，我可能是失禮了」的想法，稍微修改了一下定型契約書的範本，寄給了設計師。

隔天收到的答覆又讓我更加手足無措。因為他幾乎認為合約內容一大半有問題，提出了異議。我告訴他我是依照定型契約書寫，可能沒有顧慮到形式上的部分，因此會將他提出的地方修改後再重新寄出。兩天後收到的回信又讓我感到有些衝擊。

他說：「到這地步我也累了。您委託的東西我會在明天之前交件，但從您對待設計師和處理事情的方式來看，我很懷疑貴公司的運作是否順利。」

比起忠告，這語氣聽起來反而有點像在人身攻擊。我個人並沒有惡意，因此感到有些委屈。不管如何，說好的就說好了。第二天我將修改過的合約書寄出，之後便不再管這件事了。試稿大概過了一個月之後才送到，成品嘛……我也不想再多說些什麼了。因為我不想再去理會這件事，所以僅做了禮貌上的答覆後，就努力遺忘。

這起事件對我來說並不算愉快的回憶。儘管如此，我還是會回顧並提出來談論，是因為隨著時間流逝，我也可以稍微理解，當時那位設計師所展現出的反應和態度了。仔細想想，我也有很多那樣的經驗。

在我剛轉成自由工作者不久時，因為心理上的負擔，總會將原定要做的事情一拖再拖。要呈現出勉強做出來的成果，讓我感到有些羞愧，所以就沒寄出了。以我的立場來說，只不過是幾天的時間對方也不願等，一直打電話或傳簡訊過來讓我壓力很大。只要再給我一點時間，再多一點點時間，我就能做得更好了，為什麼對方不願理解這點，反而一直對我施壓呢？管他什麼合不合約的問題，那一直催人的語氣是怎樣啊……一方面我曾這麼想過。但事實上就只是害怕被別人評價懶惰、還沒掌握好如何遵守時間、對於被交付的工作沒有責任感而已。

我們需要的，只是能指引方向的長輩

站在第三者的角度回顧一下，當時的我雖然公司規模小，但無疑也是一間公司的代表。反之，那位設計師是在一個大學休學，正在嘗試各種事物的時期，不知自己是否能從社會底層存活下來？是否能在這個領域表現出自己的才能？處於一種沒有任何確信，卻「什麼都得做好」的壓迫感中。

不過幾年前的我也是處在那種狀態中吧？沒想到只是稍微換個立場，就這麼輕易的忘記了。

領著最低時薪卻要求簽訂勞動契約的工讀生、要求老一輩們年輕時，根本就沒聽過也不曾看過的夜間加班費，及休假的新進員工、就連不含惡意的發言，也被視作一種暴力而怒目相向的年輕人，甚至只要稍微碰到肩膀，就明顯表達不悅的大學生們。

這些站在老一輩的立場來看，可能會覺得有必要反應這麼大嗎？老一輩們，可能會因為不管三七二十一就被年輕人當成壞人而火冒三丈。甚至有時，還會討厭那些將自己出自關心的發言，當作老古板碎念的八年級生們。

但時常聽到老一輩說：「明明就不是什麼大事，何必鬧成這樣？」這句話，是只有在任何事情上，都處於相對優勢的人才會說的話。無論是組織內的上下關係、交易關係、身邊的人際關係等，人們根據時間、場合和自己所處的立場，各自看重的部分可是有千百萬個不同。

例如甲方擔心的是最終結果值、是否達到預期目的、業務執行方式、所需時間等，但乙方則是擔心工作出現問題時，需要承擔的責任、在任何情況下，都不會受到不當待遇的權利、保障未知將來的自由等。若說前者是為了要準確執行，後者為的就是要以防萬一的情況。

八年級生現在才算是剛步入社會或還依舊是學生身分。無論在哪裡做些什麼，還是比較熟悉乙方的位置。在推動某些事情時，甲方會思考要如何零缺失的進行；乙方則會聚焦於在萬一發生的情況之下，如何保護自己和避免傷害的應對方法上。因此八年級生只能對那些在老一輩眼中「微不足道的小事」吵吵鬧鬧、大呼小叫。

因為對於才剛步入社會，什麼都是第一次的我們來說，就連小小的損失和缺失，感覺都像是無法挽回的傷害。在親身經歷之前，應該很難相信「懂了之後就發現真的沒什麼大不了」這句話。

我聽說冠岳區是首爾市貓咪安樂死比例最低的地區。或許正因如此，路上不時可以看見在社區裡漫步的貓。通常只要一接近牠們就會立刻逃跑，但其中也有時常被人撫摸的貓會從遠處跑過來撒嬌。

某次我遇見一隻不知餓了幾天，身形消瘦的貓。當我正要從包包拿出備用貓零食時（因為不知何時何地會遇到貓），牠立刻消失在那條路上。難道牠以為我要拿的是什麼武器或是捕捉工具嗎？這絕不是牠的錯，但我只能惋惜自己應該要更小心一點的。

那隻骨瘦如柴的街貓對人類的反應，和現在八年級生身上常見的防禦機制相似。你看，這世界上就只有比我大的、比我厲害的和我搞不懂原理的東西。接近我的人類體型都比我大上數十倍，彼此的語言又不同，所以很難猜出他們內心的想法。雖然有人抱著純粹的善意餵食我們，但其中也不乏那種在食物裡下藥，想要巧妙毒死我們的人。即使你嘗試對那些為求生存而逃跑的貓說：「我只是好意，你幹嘛這樣？」也不會有任何改變。

我們從那些堅信不會傷害我們的人身上得到傷害，同時學著不要去信任圍在自己身邊的世界和他人。從來沒人教過我們，卻又不容許我們有任何失誤。不稱讚我們的小小成功，卻對那些失敗無比嚴厲。

其實我們需要的只是一個不讓人害怕、可以指引我們方向的長輩。在必要之時，告訴我們「失敗也沒關係」、「我在你們這個年紀也犯了很多錯誤」、「所有人都是這樣慢慢變成大人的」、「就算沒辦法成就了不起的大事也沒關係」、「至少在我眼中你絕不是個扶不起的阿斗」、「你是個每天都會一點一滴成長，擁有未知可能性的年輕人」這些話的長輩。

他們雖然也想扶正我們這一代，但也不想被稱作老古板；我們則是為了掩飾遍體鱗傷的自己，不管什麼時候，在必要之時，都希望能找到指引、扶正我們的老古板以得到安慰。

這些不管是近看或是遠看，不都很明顯是場悲劇嗎？

第11章

最後，我們也變成了老古板

在橫跨冠岳區的道林川一帶，有專為附近居民設置的生活設施。有從新林洞考試村到新大方洞的自行車道，在通往冠岳區廳的斜坡下，還有個規模頗大的室外籃球場。當天氣涼爽時，我常會獨自一人在那裡練球。

籃球場上總是可以看到各式各樣的人，聚集在一起打籃球。從在附近考試村準備考試的考生到附近店家的老闆、獨立生活的大學生，甚至是從遠方國家來的留學生都會過去玩球。尤其是附近有很多間規模很大的高中，所以每天都能見到穿著校服的男學生們。

世代隔閡，一代接一代

有一次我上午早早結束工作，以輕快的心情帶著籃球出門。在設有五個籃球架的球場上，我看見五位穿著校服的高中生聚在一起丟球，似乎是附近高中的學生。看他們比平常下午還提早下課，應該是到了段考期間吧。

我到對面的球場準備熱身，不到十分鐘就有一位男學生向我走近，靦腆的問：「請問你要不要一起來場三對三籃球賽？我們有五個人……。」那天的籃球場格外冷清。在比賽中奔跑了一個小時左右之後，我全身汗流浹背。我們就這麼坐在球場旁邊的長椅上，一邊分享飲料，一邊和這群年輕孩子們聊了許久。

我因為不清楚最近高中生，是以什麼主題來進行哪種形式的對話，所以只能問「你們高中畢業之後想做什麼？」這種老套的問題。但接下來的對話讓我印象深刻。

在人類生活中，存在了各式各樣的價值觀。雖然在那之中要以什麼方式，追求何種價值是出於個人選擇，但在某些時代也只被賦予了非常限定的選項。比方說，父母那代認為「勞動」是不可或缺的價值，因為從時代背景的特徵來看，對於國家發展做出貢獻，讓身體健康成長並成為產業生力軍等，這些都被當作是一種美德。

然而，隨著時間流逝，到了我們這一代，勞動對人類來說，雖然還是重要的價值之一，卻也產生了「不是最重要」的認知。或許是眼下我們不再需要為了維生而煩惱，所以逐漸脫離共同目標，開始將焦點放在追求個人的幸福或自我實現上面。我認為，會出現工作生活平衡和小確幸這些詞語並流行，一定也是受到了這種趨勢的影響。

所以對八年級生來說，勞動可被理解為「雖然基本上是一種又累又煩人的事，但該做的還是得做」。總之，如果在人生價值觀當中，以最低一分到最高十分來替勞動的重要性評分，大概會從父母那代的七到十分，下滑至我們這代的三到五分左右。

說難聽一點就是不想努力，想要過著輕鬆生活的青年逐漸增加；但說好聽一點，這就是我們已從物理上的勞動解放，正在追求幸福的證明。

那對於出生於一九九〇年代後的世代，也就是九年級生對於勞動的認知又到了什麼地步呢？我原本以為「應該會比我們更討厭吧。以分數來算大概只會落在一到四分左右」，但在和那群高中生對話之後，只能說是受到了無比的衝擊。

「不，我不找工作。」有一位男學生說。

「什麼？你說你不找工作？」我慌張反問。

「幹嘛要做？現在又不一定要去工作。」

「為什麼不用工作呢？」

「最近只要有才華，就不用靠身體去工作了。」

「才華？你指的是什麼才華？」

「很會打電動、很會打節奏、很會唱Rap、很會跳舞、很會唱歌、長得很帥這些啊。」另一位男學生回嘴說。

「不管是偶像、歌手、饒舌歌手、製作人都好，只要有才華，做什麼都行。真的再不行，那就去經營YouTube好了，最近當YouTuber也能賺到很多錢啊。」

「是這麼說沒錯啦……但還是得要有人來做物理上的工作吧？不可能所有人都只從事藝術創作類的工作啊。哪怕是網咖也要有工讀生才能運作……。」我不知為何含糊其辭的問。

「唉唷，哪有人是因為想工作才這麼努力工作的啊？」

「要做的話也是暫時的，因為需要用錢啊。但如果只是認真做著那些事，那就是失敗的人生了。」最初回答我的那個學生說道。

「啊，這樣啊？」

「像那樣工作，我要等到什麼時候才能買車買房啊？就算是大學畢業，年薪也不到三千萬啊。如果要這樣，倒不如去搞個什麼來讓它大紅還比較好呢。」另一位男學生說。

我也變成「年輕老古板」了嗎？

對話結束後，我愣了好一陣子。說真的，我也變成「年輕老古板」了嗎？我在說著那些話的傢伙面前，差點脫口說出：「喂，如果年輕人都說要做音樂、唸Rap、唱歌和當偶像，那誰來養牛啊？誰來送貨？誰來泡咖啡？又要由誰來做鉛筆啊？你們穿的用的吃的，有哪一樣不需經過人手的？

你有辦法半夜去買杯麵來吃，那是因為有人守在便利商店才可行吧？總之YouTube把孩子們全都毀了。說到我那個時候啊，就連要我在廚房洗個碗都……。」這些話，後來硬是被我吞了回去。如果物理上的工作價值比以前低那也就算了，但我從沒想過會直接變成負數。

竟然說花費體力、留著汗水做某件事情是失敗的人生，讓我不禁猜想在這短短的十年間是不是變了太多。雖然和我交談的那五位學生無法代表整個世代，但對於聽著「不工作就別吃飯」這些話長大的我來說，「幹嘛要工作」是我連作夢都不曾出現過的想法。也是啦，人不一定得工作才叫人，但話雖如此……我原本以為學生時代的自己和現在的學生並沒有差得太遠，結果現在感覺他們就在那條無法回頭的河對岸。

這是發生在我收掉創業公司不久，某個酒席上的對話。

「我真不知道該怎麼和那群八年級生一起工作才好。」有一位創業公司代表像在發牢騷般的說。

「真不知道他們在想什麼，工作沒有半點幹勁，連情況也不太了解，真的是……。」

「嗯，原來您有這種煩惱啊。」我說。

「不過朴代表，你也一樣是八年級生嘛，而且還經營過公司。所以我想問你，到底該怎麼和現在的年輕人相處啊？」

「這個嘛……對我來說也有點模稜兩可……。」我假裝埋頭。

「只要再過五年，您就不用擔心這種事情了。那時候您就會覺得八年級生看起來像同伴了。」

「什麼？為什麼？」

「因為那時候九年級生就出社會了。那時的書名也不會像《八年級生駕到》一樣，可能會變成『這該死的九年級生來了，拜託救救我』吧，哈哈。」

「媽的……。」

劃分兩代人的幅度正在持續變窄。現在別說十年，就算只過了五年還是能明顯感覺到其中的差距。無來由的對最近年輕人反感不再是老一輩人的專利，說不定我們會比自己想像的更快成為老古板。

在八年級生作為社會新鮮人，踏出第一步的現在，若說出「九年級生如何如何」的這句話，聽起來不僅沒有說服力，也不會讓人有什麼特別的感觸，因為無法認定只有我們是流逝光陰中的被害者。

這就是電影《魔境夢遊：時光怪客》（*Alice Through the Looking Glass*）中，紅心女王說的「如果想在這裡站穩腳步，就必須拚命奔跑」具有說服力的原因。或許這裡不是其他地方，而是具有相似傷痛的我們，各自懷抱不同理由奮力奔跑的鏡中國度。

第12章

我們生在不同年代，卻活在同一時代

十幾年前，美國藝人芭芭拉・史翠珊（Barbra Joan Streisand）向一名攝影師和一家提供免費圖庫的網站提告。她對在沿著加州海岸拍攝的一萬兩千多張空拍圖中，自己住家被拍到一事，表明了「明顯侵犯私生活」的立場。

但這些是為了掌握加州海岸侵蝕過程所拍攝的照片，雖然被放到免費圖庫網站上，但當時網路普及度並不高，著作權意識也還不明顯。不管有沒有拍到某藝人的宅邸，都不是一般人會感興趣的素材——如果這起訴訟案沒有傳遍全美國的話。

人類的心理就是這樣。如果不讓我們做，就會變得更想去做。面對只有自己不知道的祕密，就會想要馬上知道。其實那張照片拍到的，只有由峭壁形成的海岸線和一些附有游泳池的平凡住宅。如果不要變成「因為某位藝人不想讓人看到而打官司的照片」，在美國也不會有近數十、數百萬人次搜尋。

透過這起事件，那些試圖隱藏或隱瞞某些訊息，最後反被公開的現象稱為「史翠珊效應」（Streisand effect）。

在我以公司代表身分活動的當時，參加過無數次的行銷和會議場合，也見了不少人。我花了很多時間才適應那種場合。我這個人只要一到人多的地方，就會先心生畏懼，再加上要以事業為目的和陌生人交談，對我來說真的非常困難。

在我喝了許多不怎麼喜歡的酒，回到辦公室時，還曾想過「自己說不定根本就不是當公司代表的料」，雖然一直到後來才發現這是事實沒錯。

在新的場合開啟新的對話時，最好的方法就是提出新問題。這是我先前常用的方法。這時提出的問題要在不會讓聽者不快的範圍內，無論多少或多新鮮都可以。

每當我和年齡相仿的女性對話時，都一定會問這兩個問題。第一個問題是：「妳在國、高中時讀的是男女合校還是女校？」；第二個則是：「妳在學校附近曾遇過暴露狂嗎？」我沒有抱著奇怪的意圖，只是出自單純的好奇心（在聽完答案後我有說明原因）。那時，我會試著統計自己感興趣和煩惱的問題，而這是有關兩性衝突的題材，例如「女校對性相關犯罪率有何影響」等問題。

直到二〇一八年底為止，回答這問題的女性共有四十二位，結果如下：

就讀男女合校，沒看過暴露狂：十八人。
就讀男女合校，曾看過暴露狂：三人。
就讀女校，曾看過暴露狂：二十人。
就讀女校，沒看過暴露狂：一人。

回答該問題的女性，是居住在首爾或京畿道的二十多歲上班族女性，我排除了那些「國中讀女校，但高中就讀男女合校」、「國中讀男女合校，但高中就讀女校」，以及「畢業於海外高中」等，用在統計上會稍嫌模稜兩可的答案。

當然，這麼草率蒐集而來的統計資料，並不能代表所有二十多歲女性，我也不想做出「統計結果如此，該如何採取措施」的結論。只是不管這是多麼個人性的統計，站在調查者的立場上，無法不看出這明顯具有某種傾向。我相信在我自己的文章中以此為憑，小心發表一些想法或見解，應該不至於會造成什麼問題。

女校真的能保護我女兒？

我國中畢業於男女合校，高中進入男校就讀。仔細想想，這裡有個地方還挺好笑的。在韓國只收女性的高中校名通常叫做〇〇女中，但只收男性的高中或男女合校的高中全都只叫◇◇高中。所以單純從校名來看，是無法區分那是間男校或男女合校，對我來說確實如此。

讀高中時，我雖然沒有想著一定要去上有女生的學校，只是自然覺得那是間男女合校罷了。在那個不懂事的年紀，我似乎是認為，這世上不可能會有男校這種沒用的東西，但我卻去了男校。雖說未必完全是因為這原因……。

我的高中時代沒有留下太多美好回憶。當時的我臉皮很薄、體型又小，不僅不會打架，還因為個性謹慎，所以難以適應男校的雄性氛圍，因此在高中一、二年級時很常挨打。

只有在最後一年時，我才從同年級生的暴力中解放。我不曾有過「只要去上男女合校，就不會挨打或可以少挨一點揍了」這種荒誕的想法。只是以我的經驗來看，對於弱小又內向的人來說，男校是非常殘忍的選項之一，僅此而已。

會是因為這個原因嗎？我一直在思考，究竟為何需要分成男校和女校這件事。我想於此再縮小一下範圍，探討一下「為何會需要專收女性的學校」這個問題。若要講出最有原則性的答案，大概就是因為這個社會需要女校。這裡應該會出現「人們為何需要女校」這種更進一步的問題。我認為從這裡開始就會很有意思。

我們做一個假設。如果我是一位家長，就當女兒到了要上國中或高中的年紀吧。這時我會想送女兒去讀女校的原因有哪些？雖然依據情況可列舉出很多理由，但「保護」這個層面似乎是最強烈的。

所以為了從不健全的異性交往、同齡朋友發生的意外狀況或性相關犯罪中，保護我寶貝的女兒，這似乎是個不錯的理由。因為家長可能認為和不懂事的男生混在一起，一定不會有什麼好事。

但仔細想想好像有點奇怪。去讀女校並不代表不會和異性交往，因為很早就對戀愛感興趣的人，不管是去附近學校或透過網路認識，都會想盡辦法和對方交往。更何況校園暴力或小圈圈排擠，在只有女學生的團體中也經常發生。

雖然在機率上或許存在著些微差距，但送到女校並不是能解決這種煩惱的根本作法。比起所有一切，最奇怪的是有關性犯罪的部分。

我決定要試著想像。先澄清一下，我對未成年人完全沒有任何興趣，而且站在贊成要判處兒童性犯罪者死刑的那邊。儘管如此，當我想像「如果我是一個變態狂會怎麼做」時，似乎不會放過只有女學生聚集的學校，選擇其他學校。甚至那些學校還親切的在校名上寫出「○○女中」。

這不是要提出，立刻徹底收掉全韓國女校的荒謬主張，只是想表達「這個問題似乎值得我們思考」的個人主張和重點。韓國不是為了預防男女之間，可能發生各種意想不到的事，從朝鮮時代起，便將「男女七歲不同席」視為最大的解決方法嗎？

自古以來，長輩說的話都是其來有自。不管生活在哪個社會中，都不能排除傳統價值。然而，那個時代早已過去，而且還過了非常久。人和技術都不像從前，男女之間的空間限制也不如先前有效。在社會所要求的性別角色和觀念也發生巨大變化的情況之下，「沒有理由不重新思考現行的系統」是我的小小疑問和見解。

比起在變成大人的過程中，幾乎不教授我們任何有關異性的知識，一到了二十歲就立刻對我們說「好，現在你們開始互相理解，發展出一段健全的關係」，應該還有更好的方法吧……只要仔細找找，應該還是能找到一、兩項吧？

育兒、薪資差距等，兩性課題

對於出生在八年級，現在正值二十至三十歲的年輕人來說，兩性衝突是個不可缺也避不了的課題。別提網路上的男超、女超[24]社團了，現在就連大學街和現有媒體，都將兩性衝突視為主要的社會問題。

我們這一代男女，正在經歷韓國史上前所未見的分裂，包括網路新聞的留言欄位、各種社群媒體和YouTube、江南站和光化門在內，隨處充斥著對立標語或是相關集會遊行。

或許有人會主張我們這一代的兩性衝突，是育兒問題、薪資差距及以經濟階層為主軸的階級鬥爭的一部分，但又有人說這充其量只是將所有社會責任，轉嫁到男性身上，只想占據實質優惠的追求利益現象。這是個複雜難解的問題，因為無論是哪一方都能提出像樣的根據。對於互相憎惡的彼此來

24 男超、女超為韓國網路用語，分別為男性超過和女性超過的縮寫，意指男性／女性比例偏高的團體。

說，似乎也沒什麼話是說不出口的。

最令人擔心的是，世代和兩性之間的對話會因這些衝突而完全斷絕。發生衝突的當事者，連面對面解釋的機會都沒有。

若這種情況持續下去，我們就會各自分離成不同世代、不同性別和社會階級，最後人人都變成獨自一人。我們生活在一個已經可以和地球另一端的人即時交談，卻又難以和隔壁的人對話的時代。

就這麼成為大人的我們，面臨著與過去經歷截然相反的壓力。在澈底區分男生和女生的體系之下度過學生時代，結果才一成年，就立刻碰上「最近沒有交往的人嗎？」這種令人驚慌的問題。別說是和異性對話了，我們連了解異性的機會也沒有，就突然被要求證明自己作為男性或女性的魅力。

在這之前，對於異性的關心被視為一種罪惡，但現在卻又成為如果沒有交到男朋友或女朋友，就會覺得自己落後於人，也會變成一個讓父母擔心的存在。

雪上加霜的是，兩性之間又會不斷找尋「男人做錯了什麼」、「這段期間女人做了什麼」等理由互相討厭。雖然我因為自己無法盡到做子女的本分，也就是建立圓滿人際關係而感到羞愧，但我們也很難推斷，這到底是從哪裡開始亂了套。

就算覺得女人很煩也得談戀愛；覺得男人太不像話卻還得結婚，這樣倒不如乾脆叫我同時吸氣和吐氣還比較容易呢。

兩性衝突不是只有我們這一代的問題，這是不言而喻的事。所有世代都應該盡自己最大的努力，長期上也必須從根本改善，造成兩性衝突和誤會的體系。另外，若不想將我們這一代正在經歷的分裂和對立留給下一代，那無論如何都必須交談。不要忘記**我們不是互相戰鬥的人，而是生活在同一個時代的夥伴。比起厭惡，我們更應該相愛。**

在歐美製作的電影或電視劇中，有一個在描繪學生時代時必定會出現的場景——尋找畢業舞會的舞伴。學生們必須找到一個，可以一起去參加舞會的異性朋友作為搭檔。也就是說他們擁有了可以先向對方開口，試著攀談，接著再進行一些小小的接觸，從中獲得理解異性的機會。

在電影《哈利波特》（*Harry Potter*）中也有這樣的場景。這對學生來說是個非常頭痛的活動，因為必須和不太了解的異性對話，不僅尷尬，還需要不少勇氣。

但要理解某個人，更進一步來說是面對與我稍微不同的存在，對任何人來說都是一件困難又複雜的事情。即使如此，在人生中，也有必須透過解決非常複雜又困難的事情，才能感受到的幸福。我們現在正在面對的這個問題，也可能是讓我們得以確實獲得那種幸福的過程。

第13章

關於性愛，我們總比你以為的，領先一步

從父母那一代到八年級生出生長大，韓國經歷了不亞於經濟發展的思想變化。

而當一切都在改變時，如今，我們可以稱之為傳統價值觀的東西反而沒什麼改變，所以與其說是改變，不如說是完全沒有變化比較快。

經濟觀念、思考方式、對勞動的看法、人生目標、幸福標準，這其中的任何一者都很難說與過往相似。所以在新年或中秋這種節日時，不論小孩或大人都只顧著玩智慧型手機的行為，感覺有點像是要從「一年得見一次的外星生命體」手中保護自己身心的策略。

在無數的變化中，其中特別明顯的就是對「性」的觀點。尤其對於異性之間性關係的看法，產生了很大變化，大到令人難以置信這是發生在十到二十年時間內的事。這朝著與韓國政府主導的政策、教育方向及老一輩的意圖等，完全相反的方向發展。

老一輩再怎麼攔，也攔不住我的慾望

開門見山的說，我們這一代其實沒有透過公共教育學到性知識。對八年級生來說，和異性交往或性愛，大多是在非教育的領域中學到。

尤其是，若要將學校性教育和日本A片放在一起，比較兩者對於現在二十多歲男性造成的影響，會對A片有些失禮。對我們來說，實質上的性教育（雖然我不知道這是否不該稱為性教育）絕大部分都是透過色情片學到的，甚至還發生在一個，將與色情掛勾之物視為不法的國家中……。

如果我們在「色情片」完全被根絕的環境中成長會怎麼樣？可能會連「第二性徵結束後的異性生殖器官長什麼樣」都難以想像。至少在成年後認識第一個戀愛對象，發生第一次性經驗之前都會如此。

倘若這是父母一代所冀望的方向，那我必須抱歉的說這根本完全失敗。但這失敗也不算你們的錯，有誰會想到在我們短短的人生中竟會出現網路，之後又接著出現「Pruna[25]」、「Webhard[26]」、「Torrent[27]」這些東西呢？就連我們自己也沒想到。

基本上在我們成長的過程中，被灌輸了對於性方面的關心和慾望，甚至連「性愛」都是不健康的印象。學生時代如果對異性感到興趣，就會聽到「這小傢伙露餡了」、「已經沒希望了」這些話。

性愛在「大家都知道卻盡力裝作不知道，也不會說出口」這點上，和佛地魔可說是沒有兩樣。幸好這個世界變了。在成長過程中，性或對異性感興趣這些事，全部被視為罪惡的那種氛圍，在我們之前的世代一定更嚴重，絕不會比較好。

然而八年級生所處的情況有些不同。我們只要下定決心，就能從網路上找到色情照片或影片。對性的保守認識或教育方式，只能在某些地方發揮影響力。即使管制電視上的直接或間接成人內容、限制十九禁漫畫或影片流通，我們也不會受到什麼衝擊。**因為在網路世界中，我們總是領先一步。大人連原因在哪都不知道，就只會在莫名的地方白費功夫。**

為了培養我們這一代正確的性知識，老一輩的人又做了什麼措施呢？這裡有個不得了的例子。曾經有段時間，韓國公共電視臺播過《航海王》這部日本動畫片，並審查了裡面出場的女性角色，娜美的穿著。

其實露肚裝也沒什麼好審查的，後來也只不過是將露出的肚臍打馬賽克遮住而已。但即使是剛上小學的我，也懷疑「他們真的是覺得這樣有效才這麼做的嗎？」當時若想看到一絲不掛的裸露照片，只要在搜尋欄打上色情照片就好了。就是那麼樣的時代。

要管制我們才不可能，只要有一臺連接網路的電腦就行了。當老一輩在努力阻擋某些東西時，我們早已在其他地方消費成人內容。換句話說，這就像是湯姆貓和傑利鼠的關係。

25 韓國檔案分享網站。
26 LG＋推出的雲端服務。
27 用C＋＋語言寫成，運行於 Microsoft Windows 及 Mac OS X 作業系統的免費軟體。

雖然在這種情況之下，湯姆貓可說連傑利鼠的所在位置都不知道。從那時起到過了十年後的現在，情況還是沒有太大不同。現在的政府部門和相關人士正在想著什麼？嗯，雖然我也不太清楚，但如果他們想的是「現在只要阻擋VPN[28]和Torret，就可以將色情片在韓國完全根絕」，那我看未來也不會有什麼太大不同。

並不是對性開放就一定正確，保守接近就是錯誤的做法。西方的想法不見得總是合理，而傳統價值也並非總是不合理，但我們有必要冷靜判斷一下狀況。事實上，全韓國已經網路普及化，幾乎家家戶戶都各有一臺電腦，從而實現了實質上的世界化，繼續實施以前那種措施很難再看到效果。

不僅我們如此，對下個世代來說也一樣。我指的是比起那若有似無的性教育，取而代之的將會是隨便暴露在色情下成長、消費並將性行為視為一種刺激又隱密的內容，甚至還有些人會帶著造成某些人受傷的性觀念遊走社會。

此外，對於在韓國社會長大的世代來說，老實講，在認識性的過程中有很多地方都叫人困惑。例如在高中畢業之前，限制我們與同齡異性的物理接觸，但只要一滿二十歲，標準就出現了一百八十度的大轉變。從現行的結構來看，為了要了解如何發展與異性之間的關係、性行為大多以何種方式進行、消除慾望的方法有哪些等，至少都得經歷過一次以上的叛逆。

做愛一定要叫出名字，不然只是種肢體動作

以男性的情況來說，在成年的那一刻起，「沒有交過女朋友」或「不曾有過性經驗」這些事實，就會變成羞愧和丟臉的要素。這種認知會隨著時間流逝變得更加殘忍，這也是剛上大學的男學生，都會繞著女學生打轉的原因。如果長時間都無法脫單，就會被冠上「母單[29]」這個稱呼，或被認為「作為人類的魅力或社交性不足」。

28 Virtual private network，虛擬私人網路。
29 母胎單身，意指從未交過男女朋友的人。

成年男性無論是喜歡還是討厭，都被迫要經由一次戀愛和性愛來證明自己的男性魅力。此外，與多數女性擁有性經驗，似乎也成為在同齡男性群體中，展示男性魅力的方法。

即使沒有真心相愛的異性、對性還沒有興趣、違反個人宗教價值，甚至是自己或對方都不認為性愛是件快樂的事情、從來沒人教過自己等，都是身為男子漢必須經歷的過程。因為如果做不到就會被視為有缺陷。

女人的情況就更加複雜了。在成長過程中，幾乎任何有關性的想法或行動都被加以限制。成年後別說是自慰，可能大多數連生殖器什麼樣子都不知道。雖然不久前剛交往的男友一直要求發生性關係，但無論是社會還是父母，都無法寬恕女性自由的性關係。在歷經刻苦的努力之下，終於要展開健康的性生活了，但令人更頭痛的事情卻接踵而來。

因為在身體構造上對於各種性病的抵抗力較為脆弱、必須承擔避孕失敗最大風險的都是女生。但大多數的男性都對女朋友的生理問題漠不關心。當然，這都是可想而知的結果。在這之前又曾有多少人，告訴過我們應該一起煩惱並解決那些問題呢？

幾個月前，女友為了施打子宮頸癌疫苗，我跟她一起到婦產科一趟。當我們坐在注射室等待時，護理師看了我和女友一眼，大笑說：

「我還是覺得妳男朋友很了不起。」

「咦？」我在驚訝之餘問道。

「很了不起嗎？」

「當然了不起囉。一般很少會有男友一起陪著來婦產科的。」護理師一邊檢查針頭，一邊新奇似的說。

「更何況還陪同注射子宮頸癌疫苗。這費用也不菲嘛，這可不容易。」

我後來才聽出是什麼意思，便回答：「這也沒什麼，本來就要打呀。」

「話是這麼說沒錯，但男生不是都不太懂嗎？」護理師拿著針筒和酒精棉說。

「好，請將袖子捲到肩膀處。會有一點痛喔。」

護理師說的「一點痛」，對一般人來說代表非常痛。雖然就像她說的有點刺痛，但還是可以忍受。打針的部位痛了一陣子，但痛感很快就消失了。這沒什麼特別的，也覺得幸好是先由我開口提議要一起去打針。但另一方面，也對於男性陪同去婦產科被認為是「了不起的事情」而感到一絲苦澀。

小時候我還以為性愛很了不起。在身體上與異性結合，感覺就像是一件什麼滔天大事。等我長大後做愛，就能感受那種難以想像的幸福。現在回想起來，不懂事的小鬼們擁有的都是那種幻想。但我們也不能說這種好奇心就是錯的，因為這不正是年輕才有的特權嗎？

在我長大成人後，對性愛仍抱著神祕又奇妙的幻想。身為人類，會對性愛產生關心和興趣並沒有什麼特別，但隨著時間流逝，情況並不如想像中的那麼厲害。性愛的確很了不起，但該說這和我小時候所想的，是不同感覺的了不起嗎？那並不是能為我帶來無可取代的快感，而是表現真心愛情的一種方法。

身為可以確認「你對我來說是多麼珍貴又可愛的存在」，這讓我感到偉大。我現在是這麼想的。

總有一天我也會成為老一輩的人，可能會聽到下一代問我「小孩是怎麼生出來的？」、「什麼是性愛？」這些問題。這一刻就像站在岔路一樣，當二選一的情況出現，我該刻意隱瞞一切，將責任推給時間？還是該盡可能的照實吐露……這個嘛，我該說什麼好呢？就是將衣服脫光光的摔角？是一種哺乳類的有性生殖系統？可以用金錢換取的服務？所有愛情的終點？

不，這些說法不正確也不好理解。如果必須說的話，我或許會這麼說：

這雖然是一件很酷的事情，但沒有厲害到足以成為人生最重要的東西。不管怎麼做，最重要的是這對彼此來說具有什麼意義。但等你長大要做的時候，一定要叫出名字。若沒有名字，那只不過是一種肢體動作而已。

第14章

不要再說「只要肯努力，什麼都能辦得到」的鬼話

這是發生在我小學三年級的事情。當時因家庭因素轉到新學校的我，不到一個星期就闖了禍。其實我也不太清楚自己是不是真的闖禍了，可以確定的是當時所有圍著我的人都對我說「你闖禍了」。

地獄般的時光

學期過了一半才轉學過來的我，坐在教室最後一排。到了第三天，早上的朝會時間一結束，班長就跑來問我可不可以跟他交換一天座位。我迷迷糊糊的問他這間學校是否可以隨便換位子，班長告訴我沒問題，而我也不想在轉學第一週就和人鬧不愉快，便和他交換了座位。

事情就在下一堂課發生了。老師發現到班長換位子後，問他：「你為什麼在那裡？」班長回答：「不久前剛轉來的轉學生說他字看不清楚，所以我就跟他交換位子。」我傻眼了，老師問我是不是真的，我說不是。很快的我又回到了原本的座位，而班長和我一下課就立刻被叫到教務處問話。

「在你們兩人當中一定有一個在說謊。還不快說實話？」老師滿臉凶狠的說。我害怕了。

「真的不是我。」班長若無其事的說著，並用一副無言的表情看我，他的演技真的非常完美。

「不……不是我。是班長先向我提議要換位子的。是真的……。」

我在情急之下講話結巴，就像是做錯的小孩說著笨拙的謊言。老師好像看出了什麼，便叫班長先上樓回教室，之後又追問我好幾次真的沒那麼做嗎？我只不斷說著我沒做，於是老師就在我面前打給媽媽。媽媽說好會在我放學時到學校教務處一趟。

回到教室後，我悄悄打開後門進去，卻感受到班長火辣辣的眼神。那是很明顯的敵意。雖然我對剛才將我逼到絕境的班長感到憤怒，但當我一對上他的眼神，就立刻感到害怕。我有預感將會發生什麼事情。

不祥的預感很快就成真了。下課時間，班長不發一語的走過來賞我一個耳光。這是我生平第一次被同學摑臉。之後班長抓住我的領口，一腳踹向我的肚子，我就這麼和椅子一起滾了幾圈。在一旁的朋友勸阻之下，班長狠狠罵了幾聲便走出教室。有兩位女同學過來問我還好嗎？班長為什麼要那麼做？但我卻無法回答，因為我也不知道。

放學時間到了，於是我前往教務處。途中，我看見毆打我的班長，身邊圍了幾個朋友正在打鬧，似乎是要去補習班的樣子。老師走進教務處，對走近他身邊的我連半眼都不瞧，接著第一句話就是：「喂，你去那裡跪著把手舉高。」我莫名其妙被處罰。媽媽大約在五分鐘後打開教務處的門，走了進來。她的衣著寒酸，頂著剛睡醒時的一頭亂髮。這和我們一般說到「家長」時，會浮現的形象完全不同。

簡短的會談開始，媽媽幾乎只聽老師說話。內容大概是像這樣：這種才剛轉學過來就惹事的小孩我還是第一次看到，他在前一間學校是因為什麼問題才轉學過來？他這種情況就該多重視一下家庭教育。怎麼就偏偏惹上了成績好、名聲又好的班長呢？班長的母親也是積極參與家長會的人，希望貴家庭能夠多給予一些指導等。

媽媽默默聆聽並回答「是，是」，然後回家之後就隨手抓了一支蒼蠅拍揍我。

我哭到趴在地上求饒，說我錯了，我再也不會那麼做了。當晚媽媽來到裝睡的我身旁，替我的傷口一一塗上藥膏。

對於一個就讀三年級下學期、十多歲的孩子來說，那真是有如地獄般的時光。幸好升上四年級後，我再也沒遇過那位班長。聽說似乎是他們全家人移民到美國的樣子，所以當時我好像很感激美國，即使我根本就不知道那個國家實際在哪。

我的大學同學，獨住三十坪的套房

二十歲那年，我考上首爾某間四年制的大學，突然就這麼上京了。由於宿舍申請時間已過，所以不管是哪都好，我得設法找到一間可以獨立生活的房間。雖說學雜費只要向獎學財團貸款就好，但在我們家沒有積蓄的情況下，能找到的房間可說寥寥可數。最後，決定租下仁川西區某間公寓的小房間，並向鄰居借了四十五萬元，其中的三十萬元是保證金，十五萬元是第一個月的租金。

從仁川黔丹的公寓到合井站的方法有兩、三種，最經濟實惠的路線是搭乘一一〇〇號廣域公車[30]。當時搭乘一次廣域公車的價格是兩千五百元，來回就要五千元，若一週搭乘五次，光一週就要花費兩萬五千元的巨款了。以一個月來算就是十萬，所以實際上住在那裡的月租就相當於二十五萬。

在往返於首爾至京畿的無數紅色公車中，一一〇〇號路線很久才會發一班車。只要一不小心抓錯時間，一天光是上下學就要多花三個小時以上。

新生的專業必修課程大多於上午九點開始。那麼我早上六點就得起床準備，接著再搭乘一個半小時的公車抵達弘大入口站。但這裡搞笑的是，雖然是名為「弘大入口站」，但從公車站到弘大正門還有一個大斜坡要走，距離也挺遠的。但正門就真的只是正門，經營學院的大樓又位於校園中頗深之處，需要再花五分鐘爬上比先前斜度更高的坡道。好不容易抵達了大樓，那該死的教室又在三樓。

因我的早晨時光過得有點艱辛，所以上課時偶爾會打瞌睡。大學的課業一旦錯過進度就會很難趕上，但我又沒有膽量向同學說「可不可以借我筆記」，所以經常被問我問題的教授訓斥。說我來到離鄉這麼遠的大學讀書，這都是在幹什麼？已經繳了那麼貴的學費，難道不該努力用功學習嗎？我的回答總是只有「對不起」這一句話。

「但你至少還是喝到了大學墨水不是嗎？」電話那頭的媽媽說道。當時我真的覺得是這樣沒錯，不過就在一年前我還認真考慮要去工廠上班的，沒想到現在卻手捧著厚重的書上了大學。我對媽媽說最近讀書很順利，便掛上電話。

在地鐵站到學校的那條大馬路上，有一棟住商混合大樓，那是我一有空堂時，就會去買漢堡吃的地方。我後來才知道那上面還有PRUGIO[31]公寓。

30 連接大城市及其周邊城市而長途行駛的公車路線。

和我在通識課同組的那位同學臉皮特別厚、個性十分爽朗、不會記仇，常常會請前輩或同齡朋友吃飯（我也不知不覺跟著蹭了兩次飯），人緣還算不錯。

某次在報告之前，我和他約在咖啡店做小組討論。他決定要上臺報告。但當他到了咖啡廳翻了翻包包，發現自己忘了帶筆電。

現在該怎麼辦才好？我該相信他已經獨自在家裡練習好了嗎？正當我這麼想時，他突然說：「要不要陪我一起去拿？反正就在這前面。這次是我的錯，我請你吃點心吧。」

我不知為何就這麼跟去了。一開始我以為他要去的是物品保管處，還想著他怎麼會將筆電這種貴重物品寄放在那裡，申請使用學校的置物櫃應該比較安全一點吧？真是個奇怪的傢伙。結果他突然走進我常買漢堡吃的那棟商業大樓。

我和他一起搭乘大樓電梯上到房間。打開大門進去後，寬敞的客廳就出現在我眼前。那裡的房間有一間、兩間……我正努力克制自己不要露出震驚的表情。

「啊，謝謝你陪我來，如果是我自己跑這一趟就太無聊了。冰箱裡有飲料，你可以拿來喝。」他說。

「這裡好寬喔。」我從冰箱拿出礦泉水，盡可能用自然的語氣說話。

「這裡幾坪呀？」

「嗯，我也不太清楚，大概三十坪？我不知道確切坪數。我的筆電放到哪了？」

「這間是你的房間嗎？」

「我睡覺時會去裡面那間房間，讀書時就待在這間。筆電應該會在這裡的某個地方啊……啊，抱歉，我沒打掃。原本還以為很快就能找到。」

「喔，沒關係。」我回答他。這是騙人的，我才不是沒關係。

找到筆電出來後，我小心翼翼的問了他一些有關那間公寓的實情。雖然

31 二〇〇三年由韓國大宇建設創立的公寓品牌。

他可能認為「幹嘛要問這種事」，但還是認真回答了我的問題。

那間公寓是他父親為了紀念他上大學，所以將學校正門口那間要價數億的公寓以全租[32]的方式租下來給他住。我甚至還到聽他說因為用走的馬上就能到校，所以即使是第一堂課，只要在早上八點左右起床就好了。

「老實說，自己一個人用這空間真的有點太大。」他雙手提著裝有零食的袋子說。

「如果交到漂亮的女朋友，我打算將一間房間讓給她，要她和我一起生活。錢就算了，只要幫我做早餐和打掃就好了，哈哈。」

他開玩笑的說，我只能跟著陪笑。這並不是什麼好的情況，但若硬要找出一個好笑的部分，大概就是他真的在一週內就交到了一個漂亮的女友，然後她還是在通識課和我們同組的新生。他們是什麼時候開始的？我還真完全沒有察覺到。我們明明就讀同一間學校，甚至還坐在同一張桌上。

「只要努力，什麼事都辦得到」的謊話

媽媽因酒精中毒被送入精神病院住院治療的期間，我被送到外婆家，在那生活了兩年左右。對於剛上小學的我來說，媽媽不在身邊是一件令人驚恐的事情。和媽媽有關的記憶，大概只有偶爾會做給我吃的辣炒年糕和喝醉亂丟家裡東西的樣子。

在外婆陪伴之下成長的兩年，是我在童年回憶中最平靜的時期。外婆是個虔誠的天主教徒，她盡心盡力的照顧我。我能改掉拖著鞋子走路的習慣、早早從叉子畢業並學會用筷子、養成禮貌問候長輩的習慣等，這些都是多虧了外婆的教導。而且她通常不會揍我，除了我將插在聖歌集後面那捐款用的一萬元偷走，並全數花在社區文具店的夾娃娃機上那次之外。

有次我在小學聽寫考試中只拿到七十五分，回家大哭了一場。那時外婆

32 韓國特有的房屋租賃方式。於租屋時一次繳交高額保證金，並於租屋合約結束後領回。

一邊安慰我，一邊唱了一小段歌：

只要肯努力，什麼事都辦得到。

其實，與其說是歌，只是替她常掛在嘴邊的話加上旋律而已。但這或許對當時的我來說是莫大的安慰，我記得自己聽完之後就立刻停止哭泣。**一切都有好轉的可能，沒有永遠的失敗者，只要肯努力我也能做得好**。因此我下定決心要努力，從那天開始就獨自不斷練習聽寫。這個故事的結局很勵志。從那天起，我幾乎沒有自己在聽寫考試中寫錯的印象，而且我現在還成為了靠寫作吃飯的大人。

然而，在我成為大學生後，來到外婆的墳墓前，卻埋怨了她一頓。遺照中的外婆仍然重複說著那幾句話：「彬啊，只要肯努力，什麼事都辦得到。你只要盡最大的努力，就什麼事都辦得……。」

只要肯努力，什麼事都辦得到？世上怎麼會有這種謊言？還不對我實話實說。只要禱告都能實現？怎麼又有這種謊話了？應該要直接告訴我實話才對。這世上也有靠著努力和禱告都辦不到的事情。生活中也有完全不公平的機會。

事實上，努力也是不公平的。有時候連想要努力都很困難，像我們這種生於貧困之中的人，可能會更加辛苦。所以如果沒有一點運氣，就不可能取得那麼輝煌的成功，但這不是因為你不夠努力。

對任何人來說，只要能一天一天活下來就是巨大的成功，並不一定要活得像別人一樣才叫幸福。**只要是能愛和被愛的人，無論在何時何地，都有擁有幸福的資格**。與其說出「只要肯努力，什麼事都辦得到」的謊話，還不如像這樣對我說呢……。

第15章

已經決定好主角的社會

是從什麼時候開始的？我們逐漸熟悉晨間新聞出現「入學考試舞弊」或「就業舞弊」這類的報導，甚至還出現「行人行」（行的人就是行）的新造詞。雖然不管什麼議題都會有人抱持相反的意見，但對於這些行為，在最近幾年突然成為韓國非常嚴重的社會問題這點，多數人還是認同。

我們這一代的教育是不公平的

說實話，現在才將入學考試或就業，這些「機會上的不公平性」視為問題，讓我覺得格外新鮮。難道這些人過去真的都不知道嗎？

看到最近登在入口網站首頁的新聞留言，有時還真讓我感到不可思議。因為留言者的反應，就像一直相信有聖誕老公公存在，卻在某天聽到「其實並沒有聖誕老公公」的人一樣。至少我認為韓國社會所存在的不公平或對該體系的認知是公開的，就連孩子們都知道了，為什麼大人們會不知道呢？

隨便去抓一個路過的國、高中生問問看，問他們是否真的在公平競爭。

你們覺得會得到什麼答案？我一點都不期待會出現「對呀，我們是在相同的條件和環境下競爭，我相信只要盡自己最大的努力，就能得到比其他人出色的結果」這樣的答案。

要是有人這麼回答，我可能還會為此感到心疼。對於說出這種話的學生，現在的大人又能怎麼回應呢？要告訴他們「說你不了解還真的是太不了解了。這世上充滿各種不公平。如果你不是含著金湯匙出生，還是有些地方，不管你做再多的努力都搆不著」嗎？我應該做不到。最後還是只能說謊，是總有一天會有強烈背叛感的那種謊。

學習不是提升身分的最後手段，也不是被公平賦予任何人的機會。如果要問我「在學歷考試和大學學測中，哪一者才是更理想的方向」或「為了賦予公平的機會，應該要如何改善」這些問題我就不清楚了。只有一點是我可以肯定的——根據我的經驗和觀察，我們這一代教育是不公平的。即使將最終結果會產生的可見影響、明目張膽的入學考試作弊和就業舞弊等，各因素排除還是一樣。

廢除表面的階級制度已有一百多年歷史。但我們都知道，這個社會還是存在著無形的階級。對於還沒步入社會、尚在求學階段的學生來說也是如此。**機會依然不公正，不平等也仍未消除，只是沒那麼明顯而已。**變得更好的就只有那些贏家的邏輯：你們也不是沒有機會、我們和你們都在相同的環境裡、我們才不是靠運氣，而是比你們還更加努力才得到的。

我以前就讀的學校是鄉下一間平凡的平準化高中[33]。過去作為高中名校似乎非常有名，但在我入學時一切都早已淪為過去的光環。那是一間和附近的人文高中排序，成績大約會落在中段的學校。但我畢業的那屆似乎成績很好，在畢業時還可看見學校大門口掛著「賀九人錄取首爾大學」的布條。在平準化高中，一屆能出現將近十人錄取首爾大學的情況並不多見。

簡單描述一下我的學生時代。小學時成績很好（有誰不是那樣），國中時非常平凡，高中時沒什麼看頭。我們當時只有數學和英文兩科是分成A、B、C、D四個等級，根據不同程度授課，而我當然是進入了D班。我的成績在兩年內一直原地踏步，一直到三年級後才勉強升上A班。

我不是沒想過要變得很會讀書，哪有人是因為想要不會才不會的。更何況生在家境清寒的家庭，曾讓我覺得唯有讀書才是我的出路。再加上媽媽常常將「如果想要炎熱時在涼爽的地方工作，寒冷時在溫暖的地方工作，就必須很會讀書才行」這句話掛在嘴上。

雖然媽媽幾乎不了解入學考試的招考或我的在校成績，也不曾教我讀書，但她知道的就是在父母那一代使用的「秀優美良可[34]」，和「一定要很會讀書」的事實。

當我拿到秀或優時媽媽會很開心，但拿到良或可時她就會生氣。在我升上高中之後，收到美以下成績的頻率越來越高，從那時起，別說是鼓勵了，她總會唸著「我看你去當兵做職業軍人也很不賴」的話。

33 韓國於一九七四年推行高中平準化政策，目標為「促進公共教育正常化，減少課外教育費用」。

34 為韓國國中用來評價學生學業成就的方法，一共分為五個等級。

總之，我從某一刻起就失去了要認真讀書的想法。在學校做的事情，也就只有趴在書桌上睡覺和午休時間去操場上扔一扔棒球。不鼓勵我，反而每次都批評我做不到的媽媽、正大光明偏心和歧視的老師們、無法送我去上補習班或購買像樣教材的家境，大部分環繞在我身邊的一切，都在忙著削減我對學習的意志和渴望。

按程度分班的課程又是如何？A班導師和D班導師的態度，光用看的就能感受到差異。A班會根據深化問題類型進行分析和解考古題，而D班只是照著名義上，必須進行的進度念過一遍而已，學生也是如此。我覺得在D班挺直腰桿認真上課太無趣了，所以即使精神很好還是會趴下來裝睡，一邊想著其他人該不會覺得我很奇怪。

就這樣，包含我在內有一半以上的學生都趴著睡覺，其中還有兩、三個打呼特別厲害。就連不睡覺的學生也熱衷於在書桌底下玩手機遊戲，或閱讀儲存在MP3裡的奇幻小說等，做其他事情。

這時，只會有D班老師自己站在黑板前解題。他自言自語似的重複著沒有人聽的解題，偶爾會打量一下有沒有學生在聽他講課。我擔心會和那位老師對上眼，怕自己成為他唯一的盼望，所以總是會費盡心機轉頭不看他。

有時當老師問問題時，即使是我會的題目我也會裝作不知道。我以為那樣也沒關係，我以為自己必須得那麼做，因為我是D班的。反正我升不上去，也不想升上去，未來的人生應該也是如此。至今我還是對那位數學老師感到抱歉，因為我知道有些傷害是無法單純用幾個字來癒合的。

決定好主角的社會

有件事情很神奇。在我上國小和國中總共九年的時間，從來都沒聽過也沒學過推甄、保送這些詞彙的意思。因此在進入高中後，我花了好長一段時間才聽懂推甄評鑑、分發或保送這些名詞。相較之下，原本成績就好的同學就像理所當然的常識般，早已熟知這些詞彙的意義，甚至是管理之必要性。

這種學生，從入學那一刻開始就不一樣了。在開學典禮或各種校內活動中，以學生代表身分到臺上致詞（當然不是學生會長），學期初就已經和班導進行過個別的未來進路諮詢輔導。考試後若成績退步，還會另外被叫到教務處。

此外，因為被叫做「資優班」，所以，另外選出全校排名前三十的學生一起自習。資優班讀書的閱覽室和一般學生的自習室不同，非常安靜和整潔。特別是成績好到「足以考上首爾大」的學生會受到校長、副校長階層的特別管理。放學後另外上課後輔導，放假時學校還私下替那幾個人加開深化課程。到了三年級後乾脆針對「地均」（地區均等選拔錄取）和「機均」（機會均等選拔錄取）等，特殊擇優錄取提供相關諮詢。

另外，老師還賦予這些學生可自行填寫學生生活紀錄簿內容的優待。從某個角度看來，從入學到畢業的主角都已經決定好了。校方動員了所有的手段來成就首爾大學錄取者。因為在評價一所高中名聲的標準中，再也沒有比「前年度首爾大錄取者人數」更確切的了。

一般學生既不知道這些事實也漠不關心。即使知道了又能怎麼樣？那些孩子確實很用功讀書，成績也很好。以學校的立場來看，只是投資了更有可能性、更值得放手一搏的對象而已。但先撇開是否真的努力這問題不說，將整個過程中的不公平視為理所當然，這點真叫人感到苦澀。

在一群雖然就讀同校，甚至是坐在同班的學生中，有人對於入學考官和學綜（學生簿綜合錄取，推甄入學的其中一個類型）等，大學名校的入學錄取管道非常了解，但也有學生甚至連保送是什麼意思都不知道。

分數造假、洩漏試題、以不當手段交換錄取和不錄取等事件，都只不過屬於蘊藏在韓國社會中無數不平等的片鱗半爪。為了克服學歷帶來的不平等，**才會要孩子認真學習，結果卻發現在獲得學歷的過程中也不平等**。這對每個月投資數十萬補習費，和家教費在孩子身上的父母一代來說，真是既諷刺又悲哀的事實。雖然我們就只是輸了那些人而已。

俗話說：「年輕花錢也要買苦吃。」但我們常會經歷到既沒花錢買，也不想要的苦難。這種毫無來由也無法克服的痛苦，讓正值青春年華的年輕人學到了深深的挫敗感。所以大部分的八年級生，雖然外表看似很爽快認同「只要努力就行了」，但心裡卻想著「反正我的學歷普通，家境也不怎麼樣，所以才辦不到」、「因為他是名校出身的」，內心深處接受了社會和經濟上的階級。

在我所知的韓國歷史中，「先決定好主角再進行投資」並不是策略，而是更趨近於傳統。以首爾等重點城市為中心開發、以公費將知識分子階層的子女送去留學、在奧運出賽的選手中，只投資最有可能性的人氣選手、安排成績優秀的孩子順利進入首爾大學就讀，還加上一句「沒有資源的韓國也只靠這種生存方法了」。

如果說韓國社會有光，其形態大概或許就是聚光燈。受到燈光照射的主角光彩奪目、備受矚目，但除此之外的人就只能淪為看不見的配角。

就整個社會而言，為了照亮那些極少數的人，大多數人都被拋棄了。如果這是一個大多數成員不是為了自己，而是為了照亮他人而存在的社會，那平均來說這不是幸福，而是不幸。

所以八年級生和父母一輩，彼此抱著「抱歉沒有成為你所希望的主角」

和「讓子女成為其他人生的配角」的想法，相互討厭又感到愧疚。太陽到現在都還沒升起，這不是我們其中任何一個人的過錯。

第 16 章

我的人生，只剩打遊戲、追偶像，或是看 YouTube

我朋友不多，個性怪異，加上我也不是那種可以交到很多朋友的社交型人物。如果硬要解釋，我會說自己追求的是，狹隘卻深入的那種關係。我最近持續交流的某位朋友是奇幻小說作家，雖然我們的寫作類型不同，但他在自己的領域中受到了很大的認可。

星際大戰、灌籃高手，間接滿足了我們

某次我們見面時，他問我：「你沒想過要寫寫看奇幻小說嗎？」我則是回：「我哪有能力？你當隨便的阿貓阿狗都能寫奇幻小說嗎？」

「嗯，只要知道原理，阿貓阿狗也寫得出來。」朋友回道。

「原理？」我吃驚的反問他。他竟然會將「原理」這兩個字用在創作上，讓我感到有些陌生。

「寫奇幻小說還有什麼原理嗎？」

「只要無條件加入『成長型主角』就行了。雖然要花很長一段時間，才

能掌握到訣竅，但『讓人們將感情套入主角身上，藉此感到代理滿足』，這個基本框架是不會變的。接下來就是概念和企劃之間的鬥爭了。」朋友就像是有備而來似的侃侃而談。雖然是我不太了解的領域，但聽完之後發現他說的並沒有錯，而且大致上聽起來也有道理。

「真的好像是這麼一回事耶？」我說。

「所以你要不要試試看？」雖然朋友再次問起，但我的答案早已決定。我告訴他我不寫。他帶著一臉不可置信的表情，只顧著喝酒。表面原因雖是「就算我到那個領域，也沒自信能表現得像你一樣好」，但最核心的原因，連我自己也是過了很長一段時間之後才領悟。

聽朋友說明暢銷奇幻小說的原理時，我忽然感到有點哀傷。究竟是為何呢？仔細分析一下，這是個可行的選項，反而「我想靠自己寫的文章，在出版市場中混口飯吃」的想法還更接近幻想也說不定。

像最近這種世界，還有誰要讀我寫的文章呢？哪有人會把我這種不符合時代、冗長、憂鬱又無故耍任性的人當成作家呢？早一天成為系列小說志願者替未來準備不是更好嗎？若要說我完全沒有這想法，就是睜眼說瞎話。

儘管如此我仍拒絕朋友的提議，其實就是因為傷心。我在當下到底有什麼好傷心的？其他人就算辛苦也會忍著，會堅強的撐下去，會笑著生活。但我會傷心也沒辦法。所有一切都令人感到傷心。

當場掏不出半毛錢，還得跟朋友借錢喝酒的處境；那天因擔心而向我勸說的朋友提議；我那依然不出色的文章或看不見前方的未來；即使藉由代入小說主角也想實現的我們這一代夢想；以及只單純因欲望而出現的巨大市場等，這一切都令我感到傷心。

成長的代理滿足並不僅存在於奇幻小說當中。「成長」這個題材是被當今的電影、電視劇、動畫、網路漫畫等，各種媒體消費的要素。在《星際大戰》（*Star Wars*）、《功夫熊貓》（*Kung Fu Panda*）、《獅子王》（*The Lion King*），還有《七龍珠》（*DRAGON BALL*）和《灌籃高手》（*SLAM DUNK*）等，不朽名作中也能輕易找到成長型主角。

曾是弱者的主角，在付出各種努力和傳說級導師幫助之下變得偉大、雖然一開始很弱小，但最後卻很強大等，這些不斷鍛鍊自己、克服不斷來臨的考驗等劇情，不僅讓消費內容的人們擁有遠大夢想，也會成為朝著目標努力的原動力。

然而，這種代理成長型內容之所以會流行起來，若只是「因為無法從當下的現實中得到希望」呢？誠如字面所述，這似乎是沒有夢想和希望的悲劇性結論。

我們的小確幸

不僅是老一輩，即便是在同一世代之間，讓多數人費解的趨勢就是吃播[35]。你可能會認為看別人吃東西的節目有什麼特別的，我也曾那麼想過。

35　一種線上直播模式。播主與觀眾互動的同時，吃掉大量食物。吃播在二〇一〇年，開始流行於韓國，一般透過網路播出。

但這些內容在YouTube和各種串流媒體平臺上層出不窮，卻依舊得到了驚人的超高人氣，真稀奇。

事實上，在國外某YouTube頻道上票選出的「YouTube上最令人難以理解的現象」中，其中一項就是人們的吃播，甚至連美國主流媒體也會報導，因此似乎也有不少人和我想的一樣。

遊戲節目也是如此。雖然這個領域到現在才變成大眾文化，但似乎還是有很多父母那一代感到不可思議。幾年前當我還是大學生時，曾做過幾個月的家教（其實我是靠學測分發考上大學）。

某天，某位有著高中兒子的母親抓著我問：

「老師，老師你也很常打遊戲嗎？」

「對呀，我偶爾會玩。」

面對突如其來的發問，我感到有些慌張。是我做錯了什麼嗎？都還沒滿兩個月，這是要開除我嗎？各種想法在一瞬間閃過了我的腦海。

「不過您為什麼要問我這個問題呢？」

「我家孩子不久後就要上高三了……。」那位母親一臉遲疑的說。

「我兒子是不會玩太久遊戲啦，可是有節目吧？那種其他人打遊戲的節目，您有看過嗎？」

「有，我看過幾次電視上播的，雖然不怎麼感興趣。」

「不，如果他只看電視上播的，那我也不會說什麼。但除了電視之外，他還會在網路上看其他人打遊戲的節目，而且一看就是一整天。」

「啊……看來他有在看艾菲卡TV[36]這些。」

「沒錯，好像就是艾菲卡。總之，他就一直看著那個。如果是打遊戲我還能叫他別玩，但他就開著那個節目說自己在讀書，那只是像廣播一樣的東西。我真的不知道他為什麼要看那種東西，為什麼要看別人打遊戲呢？又不是自己親自玩。」

那位母親發了好一段時間牢騷。我在家教結束過了四十分鐘之後才得以

36 AfreecaTv，韓國線上直播影音網站。

搭上回家的地鐵。我抱著能幫上她一點忙也好的心情，想了各種對策。

我知道說出：「喂，清醒一點，你現在還是看那些東西的時候嗎？」這種話沒用，因為如果叫他別做他就不做，那還擔心個什麼勁？更何況他只是像廣播一樣開著讀書。總之那位家教學生馬上就戒掉收看遊戲節目了。隔週我所做的事情，也只有替他列出幾張以目前成績可以上的大學清單而已。

之後過了很長一段時間，那天我正走在前往電影院的路上。從三成站到購物商場的街道上，擺滿了大螢幕的廣告板。牆上的廣告，幾乎全都是用來宣傳支持某偶像養成節目中，某些候選人的照片。我不是不知道偶像粉絲團的推動力和執行力有多強。

但看著前方貼著厚厚一層便利貼，以及在那些小小紙張上，誠摯的寫滿了加油留言和應援信，讓我不禁為之大驚。當時那些人甚至都還沒出道成為偶像。

更叫人吃驚是，這些全都是粉絲們親自企劃和執行的宣傳活動。沒有人要求他們這麼做，也沒有人付他們錢，這還是一件需要投入大量資金和精力的工作。

當時，我曾向多家新創公司做市場行銷諮詢，所以，反射性的在腦海中勾畫出從製作宣傳資料，到諮詢地鐵戶外廣告的報價、重新設定執行預算、文件化並與內部共享後進行監控等，整個流程的報價。

這是一項非常繁雜的工作，而且光是人事費的部分，一個月似乎就需要五百萬元。加上宣傳內容是充滿愛意的文案，要實現這種感覺，就算花再多錢也難以辦到。

再也沒有事情比去探討這些現象，到底正常還不正常還更沒意義了。因為這些事情已經炒得正夯，若沒有意外未來也會繼續下去。

若要將這些對某些人來說，是珍貴的文化生活和生活的一部分，說成是社會的弊端或浪費時間等，是非常失禮的行為。如果做著自己想做的事情能感到幸福的話，那沒有人可以插手。這不僅沒有犯法，也不能說是不道德的行為。

只是身為活在同一時代、同一世代的一員，我想說會造成這種狀況的背景令人遺憾。因為在某方面來說，我們「可以產生欲望的範圍」本身就受到限制。父母總是把想要成長、想冒險、想要成就的孩子們關在房裡。

在那個被困住的房間裡，充其量就只有昏暗的電燈和桌椅、枯燥乏味的課本、參考書和自修評量、電腦及智慧型手機而已。我們這一代可以傾注心力的休閒生活或興趣之所以會在於此，也是有非常合理的原因。

父母一代把子女推給學校、補習班和自己的房間也是其來有自。我們知道你們不希望將自己受過的傷痛傳承給下一代，也希望在我們被丟向苛刻世界前，先做好萬全準備，所以會說出要我們別把心思花在讀書之外沒用的地方，萬一不小心走偏了，以後就不要吵著後悔的這些話。

但我們也需要可以逃避和喘息的地方，真的非常需要一個地方，可以遠離從父母身上得到的期待和壓力、在人際關係當中受到的壓力、無法順心如意的現實等，就像你們小時候曾經遭遇過的那樣。

子女們就這樣被逼到家中各個角落。從一開始能夠逃的地方就只有螢幕當中。螢幕中總是有著顯眼的變化和成就；在遊戲中經驗值和等級會增加，接著就可以得到新的物品和任務；在YouTube上有才的直播主和我玩著一模一樣的遊戲，為了身為觀眾的我提供時時刻刻成長的內容；我所支持的偶像排名上升成功出道，並在大型演唱會和廣告中登場，可以藉由「我也是創造出這偉大功績中的一員」來獲得成就感。這和即使努力也幾乎看不見、抓不著、與期待背道而馳的現實完全相反。

老一輩通常會說這樣的我們不道德、衝動、愛消費或對刺激過度軟弱等。只要一用這些話來開頭，不久後，就會將我們可以逃避或得到慰藉的東西都斬草除根。晚上不准我們玩遊戲，一過午夜就立刻斷線，以令人無法接受的理由貼上有害內容的標籤。

晚自習要讀到深夜，晚上十點以後不准進出任何地方。如果要不擇手段用其他方法逃避，就會被痛罵沒有韌性又脆弱、越來越無可救藥、真擔心國家的未來等。

若我們真的像老一輩說的，成長為差勁的子女一代，那造就出現今韓國的你們也不能完全卸責。如果「不要活得像我一樣就好」這句話是出自於真心，那至少也給我們幾個可以懷有不同夢想的選項吧。我們也不想待在房裡光是盯著螢幕，只是目前還沒找到自己的夢想和值得效仿的大人罷了。

第17章

這世界最能讓我放心討厭的，只有父母了

「最近的年輕人就是不懂敬老尊賢。」老爺爺坐在我讓出的位子後，馬上說了這句話。公車上人潮滿滿。

這些舉動是敬老尊賢？

「總之謝謝你了，像你這種心態的年輕人，應該要有好的發展才是。」

「啊，不不。」我感到有些驚慌。公車恰巧載滿了人，正好停在十字路口的斑馬線前。窗外天氣晴朗，公車內卻有如圖書館般寂靜。在這種情況下，老爺爺脫下頭上的禮帽，用彷彿要大家聽見的聲音稱讚著我。

作為一位白髮老人，他的聲音可說是宏亮且豪邁，甚至連坐在公車最後方的人都聽得見。

「說什麼不呢。」老爺爺說。尷尬的我慌忙拿出看到一半的書，同時，卻又陷入「長輩在講話，可以置之不理，看著自己的書嗎？」的兩難局面而不知所措。

「我拄著這根拐杖走到中間，卻沒有任何人讓座，就只有你看到了馬上站起來，真是太可惡了。」

「啊……哈哈……。」我滿臉通紅露出尷尬的笑容，不知該作何反應，真叫人尷尬。

「你們這些年輕人，就該學習他這個榜樣。學校就只會教你們念書還會幹什麼，老師也該教教你們品行才算真正的老師，這真是……。」

老爺爺一直說個不停，直到公車發動為止。真不知道當下那臺公車裡的其他「年輕人」會怎麼看我。會在心裡覺得我很可憐嗎？還是會覺得我在裝好人呢？嗯，我只是因為那是博愛座才讓位而已……。

有時我常會感到老一輩，是不是將我們年輕一代定義成不懂尊老敬賢的傢伙，或沒有基本禮貌，做事隨心所欲的年輕傢伙們。雖然禮貌會因人和情況稍微改變，但偶爾看到那些基本期待值太低或對小小體貼感到非常驚訝的長輩時，會讓我感到苦澀。

幾個月前，我意外去了一趟百貨公司的廁所。位於百貨公司內的廁所寬敞又高檔，但大致上人卻不多，當時也只有我一個人獨自使用廁所。燈火通明的天花板上裝著一個小小的音響，似乎正以若有似無的音量撥著莫札特還是什麼的音樂。我方便完後，遇見正好要進來清理的打掃阿姨。

「唉唷！」阿姨像是見鬼般嚇了一跳。偏偏我又站在廁所最裡面的角落，所以她好像沒察覺到我的動靜。

「唉唷，不好意思，我不知道裡面有人，我馬上出去。」

「沒關係，我才不好意思。我沒關係，請您別太在意。」我說。

「唉唷，真抱歉啊……。」接著阿姨邊喘著氣，邊用拖把將地板擦乾淨，接著從她帶來的推車上拿出擦手紙裝入盒中。

「辛苦您了。」我抽了一張剛裝好的擦手紙並搭話。

「外面天氣很熱，但這裡好一些。多虧有您，我才能用到乾淨的廁所，謝謝。」

阿姨就站在正在擦手的我身旁，即使如此她依然瞪大雙眼看著我，一副「你現在是在跟我說話嗎？」的表情。我淺淺的笑了笑。

「唉唷，哪有什麼辛苦。同學你讀書才比我更辛苦吧！呵呵，不過還是謝謝你。沒想到我做這份工作還能聽到別人道謝。對了！天氣很熱吧？我要不是在這裡工作，應該會熱死吧。能在百貨公司工作已經好上千百倍了。我以前在學校工作，那裡熱的時候很熱，冷的時候很冷，真是太誇張了，總之你又年輕又有禮貌，看了就讓人感到開心。祝你好運。」

「好，也祝阿姨好運。」

因為感覺交談突然變得有點漫長，我回答的有些遲疑。每當我感到尷尬時，就習慣撓一撓耳後的頭髮。

「阿姨？呵呵，同學你還真會說話。我兒子也和你差不多大，個性卻不大方，不但不會讀書，而且還很敏感，就像是我老公，真是討厭死了。如果能像你一樣這麼平易近人又有禮貌，那該有多好。」

我在一會兒後離開了廁所。看那位阿姨聊得那麼開心，我也不好打斷她，感覺她長久以來都渴望著那種日常對話。畢竟她一個人繞著整間百貨公司打掃，應該也沒那麼多可以和人交談的機會。再加上兒子整天都關在房裡，能和兒子輩的年輕人交談的情況並不常有。我想如果不忙，應該要再聽她多聊一點才是。

從那之後，我常常想起和阿姨的對話。我如果是那位阿姨，處於一邊替人打掃清潔，一邊撫養兒子的情況，那我又會在哪裡，會用什麼方式來表現和過生活呢？我陷入了這樣的思緒。如果我在百貨公司做打掃的工作會是怎麼樣？

首先，凌晨就得從家裡出發，感覺必須在一大清早就得上班。因為不僅是客人，還必須在員工抵達之前就先打掃乾淨。打開電梯旁的小門或樓梯間看似機房入口的地方進去後，換上衣服並帶著清潔用品出來。

像這樣在早上打掃完，等賣場開門後，會不會去每層樓的廁所、電梯和大廳四處巡視，看看有沒有髒掉的地方？這樣應該也會經過ＬＶ或香奈兒等名牌精品店附近，那時的心情又會是如何？

打掃原本就是件困難的事，比起乾淨，人們更快就能察覺到髒亂的狀態。做得好也只是本分，做不好會被指責工作態度不老實，還會被比自己年輕的樓管或包商負責人教訓。

結束辛苦的工作，下班回到家後，發現客廳的電燈大開，而稱得上是房門的所有門卻都緊緊關上。正在準備考試或就業的兒子在房裡嗎？擔心自己會妨礙他們或引發問題，所以就不自覺安靜移動。準備晚餐時，還會想著「應該要好好吃飯的」。

我承認，大多數的八年級生都曾無視過父母那代。無論以何種形式，若說沒有無視過，那就是騙人。我也曾經如此，不管父母講什麼我全都不聽。因為不知從什麼時候開始，媽媽對我來說就成了微不足道又毫無幫助的人。

她炫耀似的說著自己好不容易才從高職畢業的事情，就算寫了幾個字卻拚錯，甚至連非常基本的英文單字都不懂。電腦、手機都不會操作，所以只能由我來代打。自己根本就不曾好好學習過，卻又對我的成績單說三道四。

不僅是媽媽，我在高中畢業的那段期間，連周圍的所有大人都讓我反感。我不懂他們為什麼要把人生過成這樣。這樣值得嗎？他們真的有值得我效法的地方嗎？我有必要因為他們年紀大，就得尊敬和崇拜他們嗎？

讀了書也會失敗的這世界

不好好讀書，以後出社會就會被無視、想要成功就得好好讀書，然後考上大學名校、學歷低的人不管去哪都得不到應有的待遇、如果沒學到東西，就只能做苦工等。

這是我們這一代常聽到父母說的話。因為父母那代經歷過無法接受高等教育而受限的人生、公然歧視、自己培養出的自卑感，所以比誰都清楚讀書的重要性。因此我們從小就聽膩了「小時候認真讀書是一件多重要的事情」。大部分的人都會讀到高中畢業，而且其中大多數人還會考上父母夢寐以求的大學就讀。

但我們除了單純學到讀書對生活很重要之外，也一起學到了其他事實——會讀書和不會讀書的人之間也存在著某種階級。

對於那些比我學歷低或學得少的人，就可以隨意認定他們在我之下嗎？若是可以，那最符合這個標準的大多是父母。也就是為了叫我讀書，而早早告訴我這個現實的當事人。

我們的父母書大多讀得比我們還差。因為在他們成長的當時，韓國教育水準還沒像現在這麼高，機會也非常有限。如果沒讀書，大多人都必須去工廠，甚至遠赴國外擔任礦工、護士或軍人來賺錢。許多人甚至還因為這些不容易的工作而受傷。

你若看到這個樣子會作何感想？我至少應該會想：「我不要讓孩子活得像我這麼悽慘。」說不定我們這一代對你們來說，就是「即使如此也想守護的存在」吧。

一直到現在大人還是如此。總是輕鬆的說讀書有多重要，卻從不曾吐露對自己心愛的存在負責，是一件多麼偉大的事情。不知是因為不想在子女面前往自己臉上貼金，還是不想給我們負擔。雖然不知道他們是怎麼想的，但我們也多虧於此，在成為大人進入社會後才恍然大悟到這點。

雖然這些犧牲不比學習微積分或英文文法來得高尚，但父母輩的人生證明了這些犧牲比學習微積分或英文文法更偉大。

有些大人主張「現在二十出頭的年輕人，就只懂得接收我們的成就，沒有一件事是幹得好的」。只會待在自己的房裡或網咖打電動消磨時間、吃著價格堪比一頓飯的咖啡和蛋糕作為點心、看起來根本不想找工作，或好不容易進了公司卻撐不了多久就放棄等，看著這些舉止當然會出現那種想法。

他們說的沒錯，但我們又何嘗不知道？有許多生於一九九〇年代的年輕人，到現在還住在父母家、吃著父母做的飯、拿著父母給的零用錢生活，是不折不扣的寄生蟲。

我都長大了，這到底是在做什麼？我真正想要的東西是什麼？就連問自己這些問題都已經問到疲憊。為了玩樂感到愧疚而掙扎好一陣子，某天突然想到：「我就是為了做這些事才那麼辛苦的嗎？」馬上又變得無力。看著你們失望的表情和挫折的期待，我們又何嘗不知道呢？

從「遊手好閒的米蟲」、「啃老族」到「屋中呂布[37]」，這些都是用來自嘲已經是成人卻沒有像樣的工作，只會依賴父母一代生活的我們而取的綽號。這真的很可笑，我們讀了你們曾夢寐以求的書，也嘗過了你們沒喝到而抱憾的大學墨水，但現在無論是讀書或拿到大學畢業證書都已不再稀奇。即使拿到學分、累積了資歷，但在那之中又有優劣之分，區分出錄取者和不錄取者。

我一直到後來才知道，**錯的並不是因為沒讀書而無法成功的你們，而是就算讀了書也會失敗的這個世界**。

家門外全是學得比我更多、成績更優秀、學歷更高的人，所以也擁有比我更多的機會和年薪……就這樣受到無數次挫敗回到家中，但你們展現出的總是一副完全無法理解的態度。

我好歹也是個讀過書的人，原本還以為馬上就能回應你們先前對我的期待和付出的犧牲，卻沒想過會輸得如此澈底。再加上你們那生澀的安慰，讓我們再也承受不了，只好大叫一聲，然後就縮在角落。

37 指平常在外都會看人臉色、不敢大聲說話，但一到了網路世界或在家裡，就會大呼小叫、給人家臉色看的人。

即使如此我還是不會哭，哭的話就太悽慘和脆弱了。迫於無奈，我們只好打開電腦，一邊嘲笑自己這一生毀了，一邊尋找可以逃避或罵人的出口。

這世上能最放心討厭的人，就是你們了

我們要學的東西一直都在家門外。雖然父母和我很像，卻是不能越來越像的存在。我們想活出和你們不同的人生、不被無視和歧視的人生、可以光明正大抬頭挺胸的人生，並想藉此證明你們艱苦的生活和殘酷的時光並沒有白費。我想告訴你們，你們缺乏的並不是能力或是努力，只是機會而已。

抱著那種希望轉眼就這麼過了二十年，到了現在我又該怎麼開口才好？我不是能夠回報你們的那種偉大孩子。長大成年之後才發現我不是天才、不是菁英，也不是高材生，只是一個和其他人讀著一樣的書，從同樣的學校畢業，一個沒什麼特別的孩子。對不起。

我們知道，即使在濺血的戰場上成為贏家，也無法報答父母這一輩，甚

至連要養活自己都很困難。我們不斷學到挫敗感，每天就只能躲在屋角和棉被中，就連打工的面試都會緊張到講話結巴，並難以承受這種會被小事撂倒的自己。

雖然我能無視的只有懂得比我少的父母，但又不想被他們看到自己受挫的樣子，所以才會「裝成我只是不做，不是不會做」的樣子，虛度了光陰。

雖然，我們也會說出「要是我爸在江南有幾棟房子，我就不會這樣了」、「要是我也有可以從小送我出國留學、幫我請昂貴家教的媽媽，現在一定不一樣」這種話，但其實自己心裡比誰都還明白，正因為無法討厭收到你們犧牲和滿滿期待而長大的自己，所以，在這世界上能最放心討厭的人，就是你們了。

第 *18* 章

手機再怎麼聰明，也無法幫我回到過去

「學習吧，去學認字吧！只要有知識，任何人都可成為兩班[38]貴族，過上好日子。」

這種熱血的吶喊聲突然從四面八方驚起。報章雜誌都在不斷鼓吹著求學熱忱，熱血沸騰的志士們前進鄉里，以三寸不爛之舌呼籲向學。

「學習吧，我們必須學習。窮人只要學習也能成為兩班貴族。」

「求學吧，就算是賣田賣屋也要求學。如果做不到，就算半工半讀也要求學。」

（中略）

知識分子……在知識分子中也有那種毫無技術，只有一張大專院校的畢業證書，或是只有一點普通常識的無業知識分子……每年都會增加一千多個知識分子……看到蛇的就是這些知識分子。

因為資產階級的所有機關都處於飽和狀態，他們不再被需要，所以只能被扭曲，纏到了樹上，然後動搖。狗食中的橡子[39]。如果不成為知識分子，還不如……（原文漏了七～八個字）……去當個工人，但因為是知識分子，即使進到裡面，也有九九％的人會逃出來。其他的全是垂頭喪氣的無業知識分子。

——韓國諷刺文學大師蔡萬植，《Ready-made人生》（一九三四）

希望是美好的

希望是美好的（Hope is a good thing）。這是在電影《刺激一九九五》（*The Shawshank Redemption*）出現的著名臺詞。正如這句話所說，希望已經

38 古代朝鮮貴族階級，現用於形容受過高等教育、社會地位高的人。
39 比喻被孤立的人。

超越了美好，成為我們生活下去的理由。在時間面前，人類擁有的武器就只有比現在更美好的將來。

無論是錄取、畢業、就業、升遷、中獎、結婚、財產或名聲等，這些只是在大小和形態上有所差距，所有人都是抱著希望繼續生活下去，即使身陷囹圄也是如此。

過去的時代曾有過希望。父母這一代雖然常說自己是一無所有的時代，但我的想法卻有些不同，因為擁有希望就等於擁有了一切。

你們知道要做什麼事情、該怎麼做和為什麼要做。因為要創造和守護的東西都很明確，所以即使面對考驗，也能大喊著自己一定會克服。你們可以靠自己的雙手實現，並用雙眼親自確認。這和連碰到一件小事就會不知所措，甚至連規畫好的道路都找不到的我們大不相同。

我們出生在已經蓋好的房子裡，吃著做好的飯菜，沿著一條剛修建好的道路走了過來。我們相信自己應該要代替你們去完成更厲害、更偉大的功績，而不是去做那些沒必要的事情。

雖然父母一代蓋好了房子，但我們卻承擔了必須將房子蓋得更高的任務。這種壓迫感和義務感，讓我們變得就像是快要倒下的疊疊樂一般。

我想問，如果你們的時代是貧乏又艱苦的時期，我們出生在一個相較富有又幸福的時代，那為何你們會棄這迷人的現實於不顧，妄自陷入回憶呢？如果我們真的出生在一個沒什麼好抱怨的豐裕世界裡，那為何和我們同住的你們，偶爾會說出現在世態淒涼又不幸的話呢？又為何要念念不忘那個時代極為疲憊的景象──粗茶淡飯、人們的穿著、市中心的矮舊建築和哐噹哐噹向前行駛的老式汽車，還有出現在郊外的田地和堆肥味，並為此傷感呢？

沒有永遠只會成長的存在。無論是任何動物、組織、集團、城市、社會、國家都會歷經幼年期和成長期，再走向黃昏，總有一天會走向終結。如果宇宙是照著我們在課本上所學到的那樣發展，就必然會變成那樣。

看似只會不斷增長的人口也會停在某條線上，我們如此重視GDP和經濟成長率也是。假設沒有任何大型事件的情況下，也會不斷向零前進。就像看似不斷長高的身高在生長板閉合後就會停止。有如活火山一般的熱情，在經過一段時間後也會硬化，變成熟透的岩石。

我們會懷念，卻不知道懷念的是什麼

父母一代經歷了光靠一碗白米飯就能滿足的時代，以及就算吃昂貴的蛋糕也只能感到空虛的時代。此外，我們靠一篇幼稚的動畫，就能感到幸福的時代早已遠去，正在迎接我們的是，只能在傾瀉而出的YouTube影片中感到孤獨的時代。

小時候總希望能早一天成為大人，成年之後卻又因為時間過得太快而焦躁不安。一直覺得好奇和神祕的世界已經消失得無影無蹤，只剩下越了解就越憂鬱和想要逃避的世界不斷反覆膨脹。

就算世事原本就是如此，但傷感還是令人傷感。反之，會為這些理所當然的現象傷感的，不只是你們，我們也同樣感受著這份心情。

身為活在同一時代的夥伴，你們和我們都有必須接受的事實——擁有閃亮的夢想和無限可能性的兒時已經過去，現在已經成為了動彈不得的大人。

即使哼唱著小時候喜歡唱的卡通主題曲，但那個暑假卻再也不會來到我們身邊。就像即使在一九七〇、八〇年代俱樂部播放西洋歌曲〈*Harlem Desire*〉或〈*Take on me*〉，也不會回到那個時期一樣。

因為成為大人，就是一個再也無法從過去曾讓我們幸福的事物上感到幸福，並不知不覺變成從過去不會讓我傷感的事物上感到悲傷的過程。

我們曾經以為會一直保持年輕。我在二〇〇二年看著世界盃的同時，一邊想著大概在二〇一八年時，或許可以奪得世界盃冠軍；隔年看到發射新的火星探測車上火星的新聞，相信二〇二〇年就能前進太空旅行。令人厭煩的晚自習似乎永遠都不會結束，我也不曾想像將近午夜才回家的巷道，和昏黃路燈這些讓我熟悉的風景會改變。

隨著時間流逝，我們在不知不覺已經接近了夢想中的未來，但世界卻被關在最長也只有六至七吋的螢幕中。偶爾遇到美麗的事物時，比起感動，會先打開相機應用程式。回過神一看，我們的回憶被放在貼著比過去貴好幾倍標價的貨架上。

我們就像我們這個時代變遷的速度一樣，很快就變成了大人。雖然身體已經長大了，但改變的只有我們隨身攜帶的物品。在這段期間，手機已經變得太過聰明，多虧於此，就算我們有點糊塗，也不至於在生活上造成大礙。複雜的算帳、以往必須用文具一筆一劃寫出的信、就連要和位於地球彼端的朋友見面，現在只要輕彈幾下手指，隨時都可實現。

但就連那了不起的智慧型手機，似乎也沒有告訴我們可以讓時間倒流的方法。不管**手機再怎麼聰明也無法回到過去，因此我們的選項不管喜不喜歡，都只有「向前走」一種。**

不知道我們能回到哪裡。我們的童年時代好像確實散發著一股懷舊的氣息。但可以嗅到那股氣息的東西開始接二連三消失，大部分都早已消失匿跡。外婆去世了，以前一起蓋著睡覺的蝴蝶花紋絲綢被不知消失在何處。老舊鐵門嘎吱作響的地方已不見外婆曾住過的房子，而是被改建成巨大的公寓社區。周圍的所有一切都消失得太過迅速，某天我們得好好思考一下，到哪個程度的過去才能稱作回憶。

有太多東西都變了。雖然你們以為我們很熟悉，但其實我們也還在忙於適應。人心或人際關係並沒有考古題，在還沒準備好的狀態之下，變化莫測的事情就有如陣雨般傾瀉而下。我們也得適應新潮的咖啡廳會議室和逢年過節時奶奶的臥室。就算昨天吃著韓式雜菜和爆米餅，今天卻得吃著麻辣香鍋和費南雪。

偶爾我們這一代人也會感到懷念，但常會不知道自己懷念的究竟是什麼。我們的精神被籠罩在類比時代和數位時代的兩個極端，隨著時間流逝變得越加細長，每天都過得岌岌可危，不知道哪天會突然斷線飄走。出生在一九七〇、八〇年代和千禧年代之間的我們，也許糊里糊塗的變成了無法用類比和數位來翻譯的人類。

第19章

生在哪一代，都不該是一種錯

某天我去住家前面的超市購物，登上音源排行榜的K-POP和嘈雜的嘻哈歌曲在賣場各處作響。戴著棉手套搬運存貨紙箱的大叔們，與戴著護腕的收銀阿姨們擦身而過。他們看似完全沒聽見當今時代的節奏和旋律，也沒打算理睬。

正前方貨架上擺的即時炸雞塊，兩包合起來共兩千九百元，似乎是要將昨天賣剩的雞塊拍賣處理掉。也是，比起放著腐爛而丟棄，倒不如便宜點賣出也一定會有利潤可賺。超市內，處理過的雞隻用塑膠袋包好，排列成行。一隻我手掌大小的生鮮雞要價六千元。六千元啊……。

我人生中最棒的一天

那個時期的我，帶著一個印有奇異果圖樣的小錢包。在文具店裡售價三千元的那個錢包，是我吵著要媽媽買給我的。裡面錢最多的時候是五千元，平均則是裝著一千元到兩千元左右。就算只有這些錢，我也常帶著非常踏實的心情溜出國中校門。

到學校前的小吃店外帶一份五百元、放入用黑油炸出的薯條和鵪鶉蛋的杯裝炒年糕後，錢就只剩下一半。當朋友搭公車回家或前往補習班時，我則是拖著鞋袋，在出租公寓並排的斜坡上走三十分鐘左右。到家時媽媽正在睡覺，我洗個腳出來後，就會去煮泡麵吃，或是用麥茶泡飯當作晚餐。

再往前回溯到九歲時，我手裡拿著外婆給的五百元到文具店，有種變成國王的感覺。我先買了一個一百元的冰淇淋塞到嘴裡，接著玩一條命要價一百元的遊戲機遊戲，輕鬆來到最後一關，感覺非常快活。接下來就像探險般在社區內四處閒晃，最後來到老舊公寓社區前。

馬路對面是小學圍牆，穿越混亂的斑馬線再走進去一點，就會看到擺在小商店旁、被綠網圍住的跳跳床（這附近的居民稱它「棒棒」，但我家附近都叫它「蹦蹦」）。只要付兩百元就能玩三十分鐘，我經常拜託阿姨，讓我付一百元玩十分鐘就好。然後阿姨就會帶著不滿的表情走出來，開門讓我進去。

在夕陽緩緩西下的傍晚時分，同齡的朋友像是約好似的，紛紛在操場上相聚。我和他們玩了一陣子，一直到鞋尖沾滿了沙子才從學校出來。我還清晰記得隱約聽到「嗶嗶」聲的那天。在我反射性回過頭看的路邊，有一位大叔蹲坐在地上，而那個嗶嗶聲就是從他面前的箱子裡傳出來的。

「一隻三百元。」

小雞叔叔看我走近箱子時，冷漠的說。

現在想起來，那是帶有「不買就快滾」的防禦語氣。

「哇！」我發出了那個年紀的小孩子會發出的驚叫聲。就算偶爾吃過雞肉，但像這樣親眼看見小雞還是第一次。我上的小學和其他學校不同，有點反常的不曾在附近看過小雞商人。雖然偶爾會聽見人來的消息，但當我跑過去一看，早已不知去向的情況不計其數。從這點來看，當時的情況對我來說也算是意外的好運。

「如果你好好餵牠，放在家裡養牠，牠就會長大變成一隻雞。」

「雞嗎？全雞？」我假裝嚇一跳反問。

「嗯，對啊，全雞。但你那麼認真養牠，等牠長大變成雞了，還會抓來吃嗎？」

「嗯……」我出自真心煩惱。

「再怎麼說全雞嘛，我上個月已經吃過人參雞湯了……因為是我養的，所以我不會吃牠，應該會繼續和牠一起生活吧。」

話一說完，小雞大叔就嘻嘻笑著反問我：「是嗎？那你就好好養牠，等牠變成雞的話，再帶來找叔叔吧？我花一千元跟你買。」

「你要買來做什麼？」

「祕密。」

「那我才不要賣。」我說。

「就算我給你兩千元？」

「不賣。」

「兩千五百元，最多就這樣了。」

「……我也不賣！」我斬釘截鐵的說。

「唉，那算了。」大叔搖搖手說。

「帶回去不管是要烤來吃還是炸來吃，都隨便你吧。」
「我都說我不會吃了。」
「啊，總之隨便你吧，現在是你的了。」
「可是我只有兩百元……。」
「不要說謊。」
「是真的，我沒有說謊。」我喪氣的回答。
「……那就給我兩百元吧，我現在準備要回家了。」
「哇，真的嗎？」
「真的，快把牠帶回家吧。」大叔說。

我擔心大叔會改變心意，趕緊從口袋裡掏了兩百元給他，然後把鼻子塞進箱子裡，仔細的用眼睛掃視每個角落。當時正值太陽完全落下之前。我仔細的盯著瞧，才好不容易看出小雞輪廓。

經過一番苦思後，我抓起了左側角落附近的一隻小雞。大叔一看到我抓出小雞，就立刻將箱子闔上。雖然我也擔心大叔會不會生氣，但不管怎麼說都太棒了。我在路上用雙手捧著小雞奔向家裡，一邊想著「今天真是我人生中最棒的一天了」。

出生不是一種錯

外婆不喜歡動物，我一直到那時為止都不知道這件事。當然，她應該也不會覺得渾身沾滿汙泥，用給他買東西吃的零用錢，去買一隻小雞回來的孫子有多可愛就是了。

「我真的快瘋了……你要怎麼養牠？」

這是外婆看到我的第一句話。在我苦苦哀求之下，好不容易才得到可以在家裡養小雞的許可。前提是我不准帶進臥室，只能在廚房裡養牠，但我還是很開心。

不知當時那樣的許可對我來說有多美好，才剛睡醒就蹦蹦跳跳的跑進廚房，而且我還記得自己當時說了一句非常肉麻的話：「嗶嗶，我會好好養你的，你不要討厭外婆喔。等我二十歲以後，我們一起上大學吧，嗯？」

但自從我將嗶嗶帶回家後，牠就開始變得病懨懨的。我得到外婆的允許，放了冰箱裡的生菜和幾粒米進去，但牠只用嘴碰了幾下，從來就沒吃完過。直到一週後的早上，我發現了牠的屍體。一開始我還糊里糊塗的以為原來小雞也會躺著睡覺，若不是後來進到廚房的外婆趕緊將牠清掉，我說不定還會以為牠只是睡很久而已。

我將用好幾層面紙裹起的小雞抱在懷裡，哭了好一陣子。外婆用同情的眼神看了我十分鐘，後來不知是否開始感到不耐煩，便說了這些話。

「這都是牠抱病出生的錯。如果牠能變成雞，還會被放在學校門口賣嗎？一定是養雞場自己養大了賣呀。」

「……他們會賣自己養的雞嗎？」我哽咽問道。

「這不是廢話嗎？如果不是要拿來賣，那他們幹嘛還養那些雞？那個蠢貨。」外婆無故的將放在水槽上的水杯打翻。

「總之，你要是再看到那該死的大叔還什麼的就告訴我，我會去報警。那個人沒事去煽動孩子，做些奇怪的事情是在做什麼……為什麼要幹這種沒用的事？」

外婆雖然是虔誠的天主教徒，但她那天特別准許我不用去參加彌撒。小雞的屍體很快就變涼了，就算我用臥室裡的絲綢被包住牠，牠的體溫還是沒有恢復。到了傍晚，小雞開始散發出奇怪的味道。

這是我第一次為死亡感到悲傷。因為要為爸爸的死去感到悲傷，對當時才五歲的我來說，年紀實在太小了。

當晚，我偷偷將小雞埋在遊樂場後院的小花圃裡。蓋上土後，我放上中間大小的石頭當作墓碑，還合掌祈禱了幾分鐘。不知為何，我感覺自己非得這麼做才行。可能是對於曾讓我短暫感到責任感的存在、對於還沒看到光芒就夭折的生命體、對於無法給牠更好的環境而感到愧疚的關係。

雖然外婆當初說，都是你生下來太瘦弱的錯，但絕對不是那一回事。

是啊，這只是件讓人傷心的事，才不是什麼過錯呢。因為不管是你們還是我們，出生都不會是一種錯。

作者的話
我只是單純寫出，我們這一代的悲哀而已

「站在八年級生的立場，來聊一聊有關現在的年輕世代如何？」我腦中突然浮現了這個想法，所以製作了出版企劃書，向幾間出版社提案，結果卻不盡人意。我得到了「這些題材再怎麼說，都比一般文章還要讓人沉重，而且內容也不見得人人都願意買單」的反饋。

當時我對出版社相關人士的說明頻頻點頭稱是，卻又覺得雖然沒有出版社願意和我簽約，但這也不代表我就不能持續寫作，便開始在「Brunch」平臺上連載。當時手上其他的書也差不多正好要截稿了，所以我想花一個月左右的時間，沒有壓力的寫自己想寫的文章似乎也挺不賴。

我當初根本就沒想過要寫到哪裡，對於要寫什麼內容或要做出什麼結論

也完全沒有任何計畫。感覺只要寫著寫著就會出現輪廓，卻得到比預期中更好的反響，讓我的欲望又變得更強。我的部分文章被刊載於Kakao首頁上，每一篇都超過十萬人次瀏覽，還吸引到一千多人訂閱分享平臺Brunch，同時也收到不少出版社的出書邀約。沒想到現在我正在寫著這本書的結語。

雖然這些文章都是我寫的，但我還是想藉此感謝我在Brunch連載時支持我的廣大讀者、為了讓這本書得以出版而花盡心思的趙姸秀（音譯）編輯等人。一九九〇年代出生的年輕人，出現在世代議題中的時間比想像中還久，只是我不想站在宏觀或社會學的視角上寫出分析的分類文章。我認為與其為了增加說服力而草率使用一些不透明的統計資料，還不如澈底排除邏輯或理性，僅僅站在八年級生的立場坦率處理還比較好。

在Brunch連載時，有件事讓我個人非常訝異——雖然這是在聊關於八年級生的事情，但沒想到非八年級生的讀者反應竟然更加密切。

我收到數十封「這些文章讓生下九年級生子女的媽媽我深有同感」、「有時我會覺得現在的孩子，活得看似沒有未來而感到心寒，但看了這些文章之後讓我開始自省」、「我是有個八年級生女兒的媽媽，真感謝你讓我稍微可以窺探到無法理解的女兒那面」等內容的留言，讓我受到了衝擊。

但我沒有抱著「我要寫出能夠作為橋梁的文章，來克服世代間的隔閡」這種宏偉的想法。因為目的性太過明確的文章，在某個點開始就會讓人感到不快。我該做的事情就是不過度浮誇、不陷入自我憐憫，只是單純寫出我們這個時代的悲哀而已。

而我在實際上也這麼做了。當然我也會有些好奇父母一代，讀到這些文章時會有什麼反應，但那畢竟不是能如我所願的事情，也並非我必須考慮的要素。

寫一篇關於悲傷的文章，也沒必要就覺得它很悲傷。若說我對閱讀這本書的讀者們有什麼盼望，當然是希望大家能從頭到尾開心的讀完。因為我們的悲劇每天都在眼前上演，所以文章內容還是偏向喜劇比較好。因此希望正在閱讀這些文章的各位，能夠保留一些足夠的力量去悲傷。

國家圖書館出版品預行編目（CIP）資料

雖說存錢很重要，但我還是要吃馬卡龍：我們也正在努力，就像你們一直以來的那樣，只是各自朝著不同的方向
／李墨夏著；賴毓棻譯.
-- 初版. -- 臺北市：任性出版有限公司，2021.07
240面；14.8×21公分. --（issue；31）
譯自：마카롱 사 먹는 데 이유 같은 게 어딨어요?
ISBN 978-986-06174-3-6（平裝）

1. 青少年心理

173.2　　110004063

issue 031

雖說存錢很重要，但我還是要吃馬卡龍

我們也正在努力，就像你們一直以來的那樣，只是各自朝著不同的方向

作　　者／李墨乭
譯　　者／賴毓棻
責任編輯／江育瑄
校對編輯／李芊芊
美術編輯／林彥君
副 主 編／馬祥芬
副總編輯／顏惠君
總 編 輯／吳依瑋
發 行 人／徐仲秋
會　　計／許鳳雪
版權經理／郝麗珍
行銷企劃／徐千晴、周以婷
業務專員／馬絮盈、留婉茹
業務經理／林裕安
總 經 理／陳絜吾

出 版 者／任性出版有限公司
營運統籌／大是文化有限公司
臺北市 100 衡陽路 7 號 8 樓
編輯部電話：（02）2375-7911
購書相關資訊請洽：（02）2375-7911 分機122
24小時讀者服務傳真：（02）2375-6999
讀者服務E-mail：haom@ms28.hinet.net
郵政劃撥帳號 19983366　戶名／大是文化有限公司

法律顧問／永然聯合法律事務所
香港發行／豐達出版發行有限公司 Rich Publishing & Distribution Ltd
香港柴灣永泰道 70 號柴灣工業城第 2 期 1805 室
Unit 1805, Ph. 2, Chai Wan Ind City, 70 Wing Tai Rd, Chai Wan, Hong Kong
電話：（852）2172-6513　傳真：（852）2172-4355
E-mail：cary@subseasy.com.hk

封面設計／林雯瑛　內頁排版／思思
印　　刷／緯峰印刷股份有限公司

出版日期／2021 年 7 月初版
I S B N／978-986-06174-3-6（缺頁或裝訂錯誤的書，請寄回更換）
電子書ISBN／9789860617450（PDF）
9789860617443（EPUB）

Printed in Taiwan
定價／新臺幣 340 元